# आँधी
## (कहानी संग्रह)

# LECTOR HOUSE PUBLIC DOMAIN WORKS

# आँधी (कहानी संग्रह)

## जयशंकर प्रसाद

ISBN: 978-93-90112-00-5

Published: -

LECTOR HOUSE LLP
E-MAIL: lectorpublishing@gmail.com

# आँधी
## (कहानी संग्रह)

जयशंकर प्रसाद

# अनुक्रम

# आँधी

चंदा के तट पर बहुत-से छतनारे वृक्षों की छाया है, किन्तु मैं प्राय: मुचकुन्द के नीचे ही जाकर टहलता, बैठता और कभी-कभी चाँदनी में ऊँघने भी लगता। वहीं मेरा विश्राम था। वहाँ मेरी एक सहचरी भी थी, किन्तु वह कुछ बोलती न थी। वह रहट्टों की बनी हुई मूसदानी-सी एक झोपड़ी थी, जिसके नीचे पहले सथिया मुसहरिन का मोटा-सा काला लडक्का पेट के बल पड़ा रहता था। दोनों कलाइयों पर सिर टेके हुए भगवान् की अनन्त करुणा को प्रणाम करते हुए उसका चित्र आँखों के सामने आ जाता। मैं सथिया को कभी-कभी कुछ दे देता था; पर वह नहीं के बराबर। उसे तो मजूरी करके जीने में सुख था। अन्य मुसहरों की तरह अपराध करने में वह चतुर न थी। उसको मुसहरों की बस्ती से दूर रहने में सुविधा थी, वह मुचकुन्द के फल इकट्टे करके बेचती, सेमर की रुई बिन लेती, लकड़ी के गट्टे बटोर कर बेचती पर उसके इन सब व्यापारों में कोई और सहायक न था। एक दिन वह मर ही तो गई। तब भी कलाई पर से सिर उठा कर, करवट बदल कर अँगड़ाई लेते हुए कलुआ ने केवल एक जँभाई ली थी। मैंने सोचा-स्नेह, माया, ममता इन सबों की भी एक घरेलू पाठशाला है, जिसमें उत्पन्न होकर शिशु धीरे-धीरे इनके अभिनय की शिक्षा पाता है। उसकी अभिव्यक्ति के प्रकार और विशेषता से वह आकर्षक होता है सही, किन्तु, माया-ममता किस प्राणी के हृदय में न होगी! मुसहरों को पता लगा-वे कल्लू को ले गये। तब से इस स्थान की निर्जनता पर गरिमा का एक और रंग चढ़ गया।

मैं अब भी तो वहीं पहुँच जाता हूँ। बहुत घूम-फिर कर भी जैसे मुचकुन्द की छाया की ओर खिंच जाता हूँ। आज के प्रभात में कुछ अधिक सरसता थी। मेरा हृदय हलका-हलका सा हो रहा था। पवन में मादक सुगन्ध और शीतलता थी। ताल पर नाचती हुई लाल-लाल किरनें वृक्षों के अन्तराल से बड़ी सुहावनी लगती थीं। मैं परजाते के सौरभ में अपने सिर को धीरे-धीरे हिलाता हुआ कुछ गुनगुनाता चला जा रहा था। सहसा मुचकुन्द के नीचे मुझे धुँआ और कुछ मनुष्यों की चहल-पहल का अनुमान हुआ। मैं कुतूहल से उसी ओर बढ़ने लगा।

वहाँ कभी एक सराय भी थी, अब उसका ध्वंस बच रहा था। दो-एक कोठरियाँ थीं, किन्तु पुरानी प्रथा के अनुसार अब भी वहीं पर पथिक ठहरते।

मैंने देखा कि मुचकुन्द के आस-पास दूर तक एक विचित्र जमावड़ा है। अद्भुत शिविरों की पाँति में यहाँ पर कानन-चरों, बिना घरवालों की बस्ती बसी हुई है।

सृष्टि को आरम्भ हुए कितना समय बीत गया, किन्तु इन अभागों को कोई पहाड़ की तलहटी या नदी की घाटी बसाने के लिए प्रस्तुत न हुई और न इन्हें कहीं घर बनाने की सुविधा ही मिली। वे आज भी अपने चलते-फिरते घरों को जानवरों पर लादे हुए घूमते ही रहते हैं! मैं सोचने लगा-ये सभ्य मानव-समाज के विद्रोही हैं, तो भी इनका एक समाज है। सभ्य संसार के नियमों को कभी न मानकर भी इन लोगों ने अपने लिए नियम बनाये हैं। किसी भी तरह, जिनके पास कुछ है, उनसे ले लेना और स्वतन्त्र होकर रहना। इनके साथ सदैव आज के संसार के लिए विचित्रतापूर्ण संग्रहालय रहता है। ये अच्छे घुड़सवार और भयानक व्यापारी हैं। अच्छा, ये लोग कठोर परिश्रमी और संसार-यात्रा के उपयुक्त प्राणी हैं, फिर इन लोगों ने कहीं बसना, घर बनाना क्यों नहीं पसन्द किया?-मैं मन-ही-मन

सोचता हुआ धीरे-धीरे उनके पास होने लगा। कुतूहल ही तो था। आज तक इन लोगों के सम्बन्ध में कितनी ही बातें सुनता आया था। जब निर्जन चंदा का ताल मेरे मनोविनोद की सामग्री हो सकता है, तब आज उसका बसा हुआ तट मुझे क्यों न आकर्षित करता? मैं धीरे-धीरे मुचकुन्द के पास पहुँच गया। एक डाल से बँधा हुआ एक सुन्दर बछेड़ा हरी-हरी दूब खा रहा था और लहँगा-कुरता पहने, रुमाल सिर से बाँधे हुए एक लडकी उसकी पीठ सूखे घास के मट्ठे से मल रही थी। मैं रुक कर देखने लगा। उसने पूछा-घोड़ा लोगे, बाबू?

नहीं-कहते हुए मैं आगे बढ़ा था, कि एक तरुणी ने झोपड़े से सिर निकाल कर देखा। वह बाहर निकल आई। उसने कहा-आप पढ़ना जानते हैं?

हाँ, जानता तो हूँ।

हिन्दओं की चिट्ठी आप पढ़ लेंगे?

मैं उसके सुन्दर मुख को कला की दृष्टि से देख रहा था। कला की दृष्टि; ठीक तो बौद्ध-कला, गान्धार-कला, द्रविड़ों की कला इत्यादि नाम से भारतीय मूर्ति-सौन्दर्य के अनेक विभाग जो है; जिससे गढ़न का अनुमान होता है। मेरे एकान्त जीवन को बिताने की साम्रगी में इस तरह का जड़ सौन्दर्य-बोध भी एक स्थान रखता है। मेरा हृदय सजीव प्रेम से कभी आप्लुत नहीं हुआ था। मैं इस मूक सौन्दर्य से ही कभी-कभी अपना मनोविनोद कर लिया करता। चिट्ठी पढ़ने की बात पूछने पर भी मैं अपने मन में निश्चय कर रहा था, कि यह वास्तविक गान्धार प्रतिमा है, या ग्रीस और भारत का इस सौन्दर्य में समन्वय है।

वह झुँझला कर बोली-क्या नहीं पढ़ सकोगे?

चश्मा नहीं है, मैंने सहसा कह किया। यद्यपि मैं चश्मा नहीं लगाता, तो भी स्त्रियों से बोलने में न जाने क्यों मेरे मन में हिचक होती है। मैं उनसे डरता भी था, क्योंकि सुना था कि वे किसी वस्तु को बेचने के लिए प्राय: इस तरह तंग करती हैं कि उनसे दाम पूछने वाले को लेकर ही छूटना पड़ता है। इसमें उनके पुरुष लोग भी सहायक हो जाते हैं, तब वह बेचारा ग्राहक और भी झंझट में फँस जाता। मेरी सौन्दर्य की अनुभूति विलीन हो गई। मैं अपने दैनिक जीवन के अनुसार टहलने का उपक्रम करने लगा; किन्तु वह सामने अचल प्रतिमा की तरह खड़ी हो गई। मैंने कहा-क्या है?

चश्मा चाहिए? मैं ले आती हूँ।

ठहरो, ठहरो, मुझे चश्मा न चाहिए।

कहकर मैं सोच रहा था कि कहीं मुझे खरीदना न पड़े। उसने पूछा-तब तुम पढ़ सकोगे कैसे?

मैंने देखा कि बिना पढ़े मुझे छुट्टी न मिलेगी। मैंने कहा-ले आओ, देखूँ, सम्भव है कि पढ़ सकूँ- उसने अपनी जेब से एक बुरी तरह मुड़ा हुआ पत्र निकाला। मैं उसे लेकर मन-ही-मन पढ़ने लगा।

लैला.....,

तुमने जो मुझे पत्र लिखा था, उसे पढ़ कर मैं हँसा भी और दुःख तो हुआ ही। हँसा इसलिए कि तुमने दूसरे से अपने मन का ऐसा खुला हुआ हाल क्यों कह दिया। तुम कितनी भोली हो! क्या तुमको ऐसा पत्र दूसरे से लिखवाते हुए हिचक न हुई। तुम्हारा घूमनेवाला परिवार ऐसी बातों को सहन करेगा? क्या इन प्रेम की बातों में तुम गम्भीरता का तनिक भी अनुभव नहीं करती हो? और दुखी इसलिए हुआ कि तुम मुझसे प्रेम करती हो। यह कितनी भयानक बात है। मेरे लिए भी और तुम्हारे लिए भी। तुमने मुझे निमन्त्रित किया है प्रेम के स्वतन्त्र साम्राज्य में घूमने के लिए, किन्तु तुम जानती हो, मुझे जीवन की ठोस झंझटों से छुट्टी नहीं। घर में मेरी स्त्री है, तीन-तीन बच्चे हैं, उन सबों के लिए मुझे खटना पड़ता है, काम करना पड़ता है। यदि वैसा न भी होता, तो भी क्या मैं तुम्हारे जीवन को अपने साथ घसीटने में समर्थ होता? तुम स्वतन्त्र वन-विहंगिनी और मैं एक हिन्द गृहस्थ; अनेकों रुकावटें, बीसों

बन्धन। यह सब असम्भव है। तुम भूल जाओ। जो स्वप्न तुम देख रही हो-उसमें केवल हम और तुम हैं। संसार का आभास नहीं। मैं संसार में एक दिन और जीर्ण सुख लेते हुए जीवन की विभिन्न अवस्थाओं का समन्वय करने का प्रयत्न कर रहा हूँ। न-मालूम कब से मनुष्य इस भयानक सुख का अनुभव कर रहा है। मैं उन मनुष्यों में अपवाद नहीं हूँ, क्योंकि यह सुख भी तुम्हारे स्वतन्त्र सुख की सन्तति है! वह आरम्भ है, यह परिणाम है। फिर भी घर बसाना पड़ेगा। फिर वही समस्याएँ सामने आवेंगी। तब तुम्हारा यह स्वप्न भंग हो जायगा। पृथ्वी ठोस और कंकरीली रह जायगी। फूल हवा में बिखर जायेंगे। आकाश का विराट् मुख समस्त आलोक को पी जायगा। अन्धकार केवल अन्धकार में झुँझलाहट-भरा पश्चाताप, जीवन को अपने डंकों से क्षत-विक्षत कर देगा। इसलिए लैला! भूल जाओ। तुम चारयारी बेचती हो। उससे सुना है, चोर पकड़े जाते हैं। किन्तु अपने मन का चोर पकड़ना कहीं अच्छा है। तुम्हारे भीतर जो तुमको चुरा रहा है, उसे निकाल बाहर करो। मैंने तुमसे कहा था कि बहुत-से पुराने सिक्के खरीदूँगा, तुम अबकी बार पश्चिम जाओ तो खोजकर ले आना। मैं उन्हें अच्छे दामों पर ले लूँगा। किन्तु तुमको खरीदना है, अपने को बेचना नहीं, इसलिए मुझसे प्रेम करने की भूल तुम न करो।

हाँ, अब कभी इस तरह पत्र न भेजना क्योंकि वह सब व्यर्थ है।

रामेश्वर

मैं एक साँस में पत्र पढ़ गया, तब तक लैला मेरा मुँह देख रही थी। मेरा पढ़ना कुछ ऐसा ही हुआ, जैसे लोग अपने में बरते हैं। मैंने उसकी ओर देखते हुए वह कागज उसे लौटा दिया। उसने पूछा-इसका मतलब?

मतलब! वह फिर किसी समय बताऊँगा। अब मुझे जलपान करना है। मैं जाता हूँ। कहकर मैं मुड़ा ही था कि उसने पूछा-आपका घर, बाबू!-मैंने चंदा के किनारे अपने सफेद बँगले को दिखा दिया। लैला पत्र हाथ में लिये वहीं खड़ी रही। मैं अपने बँगले की ओर चला। मन में सोचता जा रहा था। रामेश्वर। वही तो रामेश्वरनाथ वर्मा! क्यूरियो मर्चेण्ट! उसी की लिखावट है। वह तो मेरा परिचित है। मित्र मान लेने में मन को एक तरह की अड़चन है। इसलिए मैं प्राय: अपने कहे जानेवाले मित्रों को भी जब अपने मन में सम्बोधन करता हूँ, तो परिचित ही कहकर! सो भी जब इतना माने बिना काम नहीं चलता। मित्र मान लेने पर मनुष्य उससे शिव के समान आत्म-त्याग, बोधिसत्व के सदृश सर्वस्व-समर्पण की जो आशा करता है और उसकी शक्ति की सीमा को प्राय: अतिरञ्जित देखता है। वैसी स्थिति में अपने को डालना मुझे पसन्द नहीं। क्योंकि जीवन का हिसाब-किताब उस काल्पनिक गणित के आधार पर रखने का मेरा अभ्यास नहीं, जिसके द्वारा मनुष्य सबके ऊपर अपना पावना ही निकाल लिया करता है।

अकेले जीवन के नियमित व्यय के लिये साधारण पूँजी का ब्याज मेरे लिए पर्याप्त है। मैं सुखी विचरता हूँ! हाँ, मैं जलपान करके कुरसी पर बैठा हुआ अपनी डाक देख रहा था। उसमें एक लिफाफा ठीक उन्हीं अक्षरों में लिखा हुआ-जिनमें लैला का पत्र था-निकला। मैं उत्सुकता से खोलकर पढ़ने लगा- भाई श्रीनाथ तुम्हारा समाचार बहुत दिनों से नहीं मिला। तुम्हें यह जानकर प्रसन्नता होगी कि हम लोग दो सप्ताह के भीतर तुम्हारे अतिथि होंगे। चंदा की वायु हम लोगों को खींच रही है। मित्रा तो तंग कर ही रहा है, उसकी माँ को और भी उत्सुकता है। उन सबों को यही सूझी है, कि दिन भर ताल में डोंगी पर भोजन न करके हवा खायेंगे और पानी पीयेंगे। तुम्हें कष्ट तो न होगा?

तुम्हारा-रामेश्वर

पत्र पढ़ लेने पर जैसे कुतूहल मेरे सामने नाचने लगा। रामेश्वर के परिवार का स्नेह, उनके मधुर झगड़े; मान-मनौवल-समझौता और अभाव में भी सन्तोष; कितना सुन्दर! मैं कल्पना करने लगा। रामेश्वर एक सफल कदम्ब है, जिसके ऊपर मालती की लता अपनी सैकड़ों उलझनों से, आनन्द की छाया और आलिंगन का स्नेह-सुरभि ढाल रही है।

रामेश्वर का ब्याह मैंने देखा था। रामेश्वर के हाथ के ऊपर मालती की पीली हथेली, जिसके ऊपर जलधारा पड़ रही थी। सचमुच यह सम्बन्ध कितना शीतल हुआ। उस समय मैं हँस रहा था-बालिका मालती और किशोर रामेश्वर! हिन्द-समाज का यह परिहास-यह भीषण मनो-विनोद! तो भी मैंने देखा, कहीं भूचाल नहीं हुआ-कहीं ज्वालामुखी नहीं फूटा। बहिया ने कोई गाँव बहाया नहीं। रामेश्वर और मालती अपने सुख की फसल हर साल काटते हैं। ...मैंने जो सोचा-अभी-अभी जो विचार मेरे मन में आया, वह न लिखूँगा। मेरी क्षुद्रता जलन के रूप में प्रकट होगी। किन्तु मैं सच कहता हूँ, मुझे रामेश्वर से जलन नहीं, तो भी मेरे उस विचार का मिथ्या अर्थ लोग लगा ही लेंगे। आज-कल मनोविज्ञान का युग है न। प्रत्येक ने मनोवृत्तियों के लिए हृदय को कबूतर का दरबा बना डाला है। इनके लिए सफेद, नीला, सुर्ख का श्रेणी-विभाग कर लिया गया है। उतनी प्रकार की मनोवृत्तियों को गिनकर वर्गीकरण कर लेने का साहस भी होने लगा है।

तो भी मैंने उस बात को सोच ही लिया। मेरे साधारण जीवन में एक लहर उठी। प्रसन्नता की स्निग्ध लहर! पारिवारिक सुखों से लिपटा हुआ, प्रणय-कलह देखूँगा; मेरे दायित्व-विहीन जीवन का वह मनोविनोद होगा। मैं रामेश्वर को पत्र लिखने लगा- भाई रामेश्वर!

तुम्हारे पत्र ने मुझ पर प्रसन्नता की वर्षा की है। मेरे शून्य जीवन को आनन्द कोलाहल से, कुछ ही दिनों के लिए सही भर देने का तुम्हारा प्रयत्न, मेरे लिए सुख का कारण होगा, तुम अवश्य आओ और सबको साथ लेकर आओ!

तुम्हारा-श्रीनाथ

पुनश्च-

बंबई से आते हुए सूरन अवश्य लेते आना! यहाँ वैसा नहीं मिलता। सूरन की तरकारी की गरमी में ही तुम लोग चंदा की ठंडी हवा झेल सकोगे और साथ-साथ अपनी चलती-फिरती दूकान का एक बक्स, जिस पर हम लोगों की बातचीत की परम्परा लगी रहे।

श्रीनाथ

दोपहर का भोजन कर लेने के बाद मैं थोड़ी देर अवश्य लेटता हूँ कोई पूछता है, तो कह देता हूँ कि यह निद्रा नहीं भाई, तन्द्रा है, स्वास्थ्य को मैं उसे अपने आराम से चलने देता हूँ! चिकित्सकों से सलाह पूछकर उसमें छेड़-छाड़ करना मुझे ठीक नहीं जँचता। सच बात तो यह है कि मुझे वर्तमान युग की चिकित्सा में वैसा ही विश्वास है, जैसे पाश्चात्य पुरातत्त्वज्ञों की खोज पर। जैसे वे साँची और अमरावती के स्तम्भ तथा शिल्प के चिह्नों में वस्त्र पहनी हुई मूर्तियों को देखकर, ग्रीक शिल्प-कला का आभास पा जाते हैं और कल्पना कर बैठते हैं कि भारतीय बौद्ध कला ऐसी हो ही नहीं सकती, क्योंकि वे कपड़ा पहनना जानते ही न थे। फिर चाहे आप त्रिपिटक से ही प्रमाण क्यों न दें कि बिना अन्तर्वासक, चीवर इत्यादि के भारत का कोई भी भिक्षु नहीं रहता था; पर वे कब माननेवाले! वैसे ही चिकित्सक के पास सिर में दर्द होने की दवा खोजने गये कि वह पेट से उसका सम्बन्ध जोड़कर कोई रेचक औषधि दे ही देगा। बेचारा कभी न सोचेगा कि कोई गम्भीर विचार करते हुए, जीवन की किसी कठिनाई से टकराते रहने से भी पीड़ा हो सकती है। तो भी मैं हल्की-सी तन्द्रा केवल तबीयत बनाने के लिए ले ही लेता हूँ।

शरद्-काल की उजली धूप ताल के नीले जल पर फैल रही थी। आँखों में चकाचौंधी लग रही थी। मैं कमरे में पड़ा अँगड़ाई ले रहा था। दुलारे ने आकर कहा-ईरानी-नहीं-नहीं बलूची आये हैं। मैंने पूछा-कैसे ईरानी और बलूची?

वही जो मूँगा, फिरोज़ा, चारयारी बेचते हैं, सिर में रुमाल बाँधे हुए।

मैं उठ खड़ा हुआ, दालान में आकर देखता हूँ, तो एक बीस बरस के युवक के साथ लैला। गले

में चमड़े का बेग, पीठ पर चोटी, छींट का रुमाल। एक निराला आकर्षक चित्र! लैला ने हँसकर पूछा-बाबू, चारयारी लोगे?

चारयारी?

हाँ बाबू! चारयारी! इसके रहने से इसके पास सोना, अशर्फी रहेगा। थैली कभी खाली न होगी। और बाबू! इससे चोरी का माल बहुत जल्द पकड़ा जाता है।

साथ ही युवक ने कहा-ले लो बाबू! असली चारयारी; सोना का चारयारी! एक बाबू के लिए लाया था। वह मिला नहीं।

मैं अब तक उन दोनों की सुरमीली आँखों को देख रहा था। सुरमे का घेरा गोरे-गोरे मुँह पर आँख की विस्तृत सत्ता का स्वतन्त्र साक्षी था। पतली लम्बी गर्दन पर खिलौने-सा मुँह टपाटप बोल रहा था! मैंने कहा-मुझे तो चारयारी नहीं चाहिए।

किन्तु वहाँ सुनता कौन है, दोनों सीढ़ी पर बैठ गये थे और लैला अपना बेग खोल रही थी। कई पोटलियाँ निकलीं, सहसा लैला के मुँह का रंग उड़ गया। वह घबराकर कुछ अपनी भाषा में कहने लगी। युवक उठ खड़ा हुआ। मैं कुछ न समझ सका। वह चला गया। अब लैला ने मुस्कराते हुए, बेग में से वही पत्र निकाला। मैंने कहा-इसे तो मैं पढ़ चुका हूँ।

इसका मतलब!

वह तुम्हारी चारयारी खरीदने फिर आवेगा। यही इसमें लिखा है-मैंने कहा।

बस! इतना ही?

और भी कुछ है।

क्या बाबू?

और जो उसने लिखा है, वह मैं नहीं कह सकता-

क्यों बाबू? क्यों न कह सकोगे? बोलो।

लैला की वाणी में पुचकार, दुलार, झिडक़ी और आज्ञा थी।

यह सब बात मैं नहीं ......

बीच में ही बात काटकर उसने कहा-नहीं क्यों? तुम जानते हो, नहीं बोलोगे?

उसने लिखा है, मैं तुमको प्यार करता हूँ।

लिखा है, बाबू!-लैला की आँखों में स्वर्ग हँसने लगा! वह फुरती से पत्र मोड़कर रखती हुई हँसने लगी। मैंने अपने मन में कहा-अब यह पूछेगी, वह कब आवेगा? कहाँ मिलेगा?-किन्तु लैला ने यह सब कुछ नहीं पूछा। वह सीढिय़ों पर अर्द्ध-शयनावस्था में जैसे कोई सुन्दर सपना देखती हुई मुस्करा रही थी। युवक दौड़ता हुआ आया; उसने अपनी भाषा में कुछ घबरा कर कहा पर लैला लेटे-ही-लेटे कुछ बोली। युवक भी बैठ गया। लैला ने मेरी ओर देखकर कहा-तो बाबू! वह आवेगा। मेरी चारयारी खरीदेगा। गुल से भी कह दो। मैंने समझ लिया कि युवक का नाम गुल है। मैंने कहा-हाँ, वह तुम्हारी चारयारी खरीदने आवेंगे। गुल ने लैला की ओर प्रसन्न दृष्टि से देखा।

परन्तु मैं, जैसे भयभीत हो गया। अपने ऊपर सन्देह होने लगा। लैला सुन्दरी थी, पर उसके भीतर भयानक राक्षस की आकृति थी या देवमूर्ति! यह बिना जाने मैंने क्या कह दिया! इसका परिणाम भीषण भी हो सकता है। मैं सोचने लगा। रामेश्वर को मित्र तो मानता नहीं, किन्तु मुझे उससे शत्रुता करने का क्या अधिकार है?

चंदा के दक्षिणी तट पर ठीक मेरे बँगले के सामने एक पाठशाला थी। उसमें एक सिंहली सज्जन रहते थे। न जाने कहाँ-कहाँ से उनको चंदा मिलता था। वे पास-पड़ोस के लडक़ों को बुलाकर पढ़ाने के लिए बिठाते थे। दो मास्टरों को वेतन देते थे। उनका विश्वास था कि चंदा का तट किसी दिन तथागत के पवित्र चरण-चिह्न से अंकित हुआ था, वे आज भी उन्हें खोजते थे। बड़े शान्त प्रकृति के जीव थे। उनका श्यामल शरीर, कुञ्चित केश, तीक्ष्ण दृष्टि, सिंहली विशेषता से पूर्ण विनय, मधुर वाणी और कुछ-कुछ मोटे अधरों में चौबीसों घण्टे बसने वाली हँसी आकर्षण से भरी थी। मैं कभी-कभी जब जीभ में खुजलाहट होती, वहाँ पहुँच जाता। आज की वह घटना मेरे गम्भीर विचार का विषय बनकर मुझे व्यस्त कर रही थी। मैं अपनी डोंगी पर बैठ गया। दिन अभी घण्टे-डेढ़-घण्टे बाकी था। उस पार खेकर डोंगी ले जाते बहुत देर नहीं हुई। मैं पाठशाला और ताल के बीच के उद्यान को देख रहा था। खजूर और नारियल के ऊँचे-ऊँचे वृक्षों को जिसमें निराली छटा थी। एक नया पीपल अपने चिकने पत्तों की हरियाली में झूम रहा था। उसके नीचे शिला पर प्रज्ञासारथि बैठे थे। नाव को अटकाकर मैं उनके समीप पहुँचा। अस्त होनेवाले सूर्य-बिम्ब की रँगीली किरणें उनके प्रशान्त मुखमण्डल पर पड़ रही थीं। दो ढाई हजार वर्ष पहले का चित्र दिखाई पड़ा, जब भारत की पवित्रता हजारों कोस से लोगों को वासना-दमन करना सीखने के लिए आमन्त्रित करती थी। आज भी आध्यात्मिक रहस्यों के उस देश में उस महती साधना का आशीर्वाद बचा है। अभी भी बोध-वृक्ष पनपते हैं! जीवन की जटिल आवश्यकता को त्याग कर जब काषाय पहने सन्ध्या के सूर्य के रंग में रंग मिलाते हुए ध्यान-स्तिमित-लोचन मूर्तियाँ अभी देखने में आती है, तब जैसे मुझे अपनी सत्ता का विश्वास होता है, और भारत की अपूर्वता का अनुभव होता है। अपनी सत्ता का इसलिए कि मैं भी त्याग का अभिनय करता हूँ न! और भारत के लिए तो मुझे पूर्ण विश्वास है कि इसकी विजय धर्म में हैं।

अधरों में कुञ्चित हँसी, आँखों में प्रकाश भरे प्रज्ञासारथि ने मुझे देखते हुए कहा-आज मेरी इच्छा थी कि आपसे भेंट हो।

मैंने हँसते हुए कहा-अच्छा हुआ कि मैं प्रत्यक्ष ही आ गया। नहीं तो ध्यान में बाधा पड़ती।

श्रीनाथजी! मेरे ध्यान में आपके आने की सम्भावना न थी। तो भी आज एक विषय पर आपकी सम्मति की आवश्यकता है।

मैं भी कुछ कहने के लिए ही यहाँ आया हूँ। पहले मैं कहूँ कि आप ही आरम्भ करेंगे?

सथिया के लड़के कल्लू के सम्बन्ध में तो आपको कुछ नहीं कहना है? मेरे बहुत कहने पर मुसहरों ने उसे पढऩे के लिए मेरी पाठशाला में रख दिया है और उसके पालन के भार से अपने को मुक्त कर लिया। अब वह सात बरस का हो गया है। अच्छी तरह खाता-पीता है। साफ-सुथरा रहता है। कुछ-कुछ पढ़ता भी है!-प्रज्ञासारथि ने कहा।

चलिए, अच्छा हुआ! एक रास्ते पर लग गया। फिर जैसा उसके भाग्य में हो। मेरा मन इन घरेलू बन्धनों में पड़ने के लिए विरक्त-सा है, फिर भी न जाने क्यों कल्लू का ध्यान आ ही जाता है-मैंने कहा।

तब तो अच्छी बात है, आप इस कृत्रिम विरक्ति से ऊब चले हैं, तो कुछ काम करने लगिए। मैं भी घर जाना चाहता हूँ, न हो तो पाठशाला ही चलाइए-कहते हुए प्रज्ञासारथि ने मेरी ओर गम्भीरता से देखा।

मेरे मन में हलचल हुई। मैं एक बकवादी मनुष्य! किसी विषय पर गम्भीरता का अभिनय करके थोड़ी देर तक सफल वाद-विवाद चला देना और फिर विश्वास करना; इतना ही तो मेरा अभ्यास था। काम करना, किसी दायित्व को सिर पर लेना असम्भव! मैं चुप रहा। वह मेरा मुँह देख रहे थे। मैं चतुरता से निकल जाना चाहता था। यदि मैं थोड़ी देर और उसी तरह सन्नाटा रखता, तो मुझे हाँ या नहीं कहना ही पड़ता। मैंने विवाहवाला चुटकुला छेड़ ही तो दिया।

आप तो विरक्त भिक्षु हैं। अब घर जाने की आवश्यकता कैसे आ पड़ी?

भिक्षु! आश्चर्य से प्रज्ञासारथि ने कहा-मैं तो ब्रह्मचर्य में हूँ। विद्याभ्यास और धर्म का अनुशीलन कर रहा हूँ। यदि मैं चाहूँ तो प्रव्रज्या ले सकता हूँ, नहीं तो गृही बनने में कोई धार्मिक आपत्ति नहीं। सिंहल में तो यही प्रथा प्रचलित है। मेरे विचार से यह प्राचीन आर्य-प्रथा भी थी! मैं गार्हस्थ्य-जीवन से परिचित होना चाहता हूँ।

तो आप ब्याह करेंगे?

क्यों नहीं; वही करने तो जा रहा हूँ।

देखता हूँ, स्त्रियों पर आपको पूर्ण विश्वास है।

अविश्वास करने का कारण ही क्या है? इतिहास में, आख्यायिकाओं में कुछ स्त्रियों और पुरुषों का दुष्ट चरित्र पढ़कर मुझे अपने और अपनी भावी सहधर्मिणी पर अविश्वास कर लेने का कोई अधिकार नहीं? प्रत्येक व्यक्ति को अपनी परीक्षा देनी चाहिए।

विवाहित जीवन! सुखदायक होगा?-मैंने पूछा।

किसी कर्म को करने के पहले उसमें सुख की ही खोज करना क्या अत्यन्त आवश्यक है? सुख तो धर्माचरण से मिलता है। अन्यथा संसार तो दुःखमय है ही! संसार के कर्मों को धार्मिकता के साथ करने में सुख की ही सम्भावना है।

किन्तु ब्याह-जैसे कर्म से तो सीधा-सीधा स्त्री से सम्बन्ध है। स्त्री! कितनी विचित्र पहेली है। इसे जानना सहज नहीं। बिना जाने ही उससे अपना सम्बन्ध जोड़ लेना, कितनी बड़ी भूल है, ब्रह्मचारीजी!-मैंने हँस कर कहा।

भाई, तुम बड़े चतुर हो। खूब सोच-समझकर, परखकर तब सम्बन्ध जोड़ना चाहते हो न; किन्तु मेरी समझ में सम्बन्ध हुए बिना परखने का दूसरा उपाय नहीं। प्रज्ञासारथि ने गम्भीरता से कहा। मैं चुप होकर सोचने लगा। अभी-अभी जो मैंने एक काण्ड का बीजारोपण किया है, वह क्या लैला के स्वभाव से परिचित होकर! मैं अपनी मूर्खता पर मन-ही-मन तिलमिला उठा। मैंने कल्पना से देखा, लैला प्रतिहिंसा भरी एक भयानक राक्षसी है, यदि वह अपने जाति-स्वभाव के अनुसार रामेश्वर के साथ बदला लेने की प्रतिज्ञा कर बैठे, तब क्या होगा?

प्रज्ञासारथि ने फिर कहा-मेरा जाना तो निश्चित है। ताम्रपर्णी की तरंग-मालाएँ मुझे बुला रही हैं! मेरी एक प्रार्थना है। आप कभी-कभी आकर इसका निरीक्षण कर लिया कीजिए।

मुझे एक बहाना मिला, मैंने कहा-मैंने बैठे-बिठाये एक झंझट बुला ली है। मैं देखता हूँ कि कुछ दिनों तक तो मुझे उसमें फँसना ही पड़ेगा।

प्रज्ञासारथि ने पूछा-वह क्या?

मैंने लैला का पत्र पढ़ने और उसके बाद का सब वृत्तान्त कह सुनाया। प्रज्ञासारथि चुप रहे, फिर उन्होंने कहा-आपने इस काम को खूब सोच-समझ कर करने की आवश्यकता पर तो ध्यान न दिया होगा, क्योंकि इसका फल दूसरे को भोगने की सम्भावना है न!

मुझे प्रज्ञासारथि का यह व्यंग अच्छा न लगा। मैंने कहा-सम्भव है कि मुझे भी कुछ भोगना पड़े।

भाई मैं देखता हूँ, संसार में बहुत-से ऐसे काम मनुष्य को करने पड़ते हैं, जिन्हें वह स्वप्न में भी नहीं सोचता। अकस्मात् वे प्रसंग सामने आकर गुर्राने लगते हैं, जिनसे भाग कर जान बचाना ही उसका अभीष्ट होता है। मैं भी इसी तरह ब्याह करने के लिए सिंहल जा रहा हूँ।

अन्धकार को भेद कर शरद् का चन्द्रमा नारियल और खजूर के वृक्षों पर दिखाई देने लगा था। चंदा का ताल लहरियों में प्रसन्न था। मैं क्षण भर के लिए प्रकृति की उस सुन्दर चित्रपटी को तन्मय होकर देखने लगा।

कलुआ ने जब प्रज्ञासारथि को भोजन करने की सूचना दी, मुझे स्मरण हुआ कि मुझे उस पार जाना है। मैंने दूसरे दिन आने को कह कर प्रज्ञासारथि से छुट्टी माँगी।

डोंगी पर बैठकर मैं धीरे-धीरे डाँड़ चलाने लगा।

मैं अनमना-सा डाँड़ चलाता हुआ कभी चन्द्रमा को और कभी चंदा ताल को देखता। नाव सरल आन्दोलन में तिर रही थी। बार-बार सिंहली प्रज्ञासारथि की बात सोचता जाता था। मैंने घूमकर देखा, तो कुञ्ज से घिरा हुआ पाठशाला का भवन चंदा के शुभ्रजल में प्रतिबिम्बित हो रहा था! चंदा का वह तट समुद्र-उपकूल का एक खण्ड-चित्र था। मन-ही-मन सोचने लगा-मैं करता ही क्या हूँ, यदि मैं पाठशाला का ही निरीक्षण करूँ, तो हानि क्या? मन भी लगेगा और समय भी कटेगा। - अब मैं दूर चला आया था। सामने मुचकुन्द वृक्ष की नील आकृति दिखलाई पड़ी। मुझे लैला का फिर स्मरण आ गया। कितनी सरल, स्वतन्त्र और साहसिकता से भरी हुई रमणी है। सुरमीली आँखों में कितना नशा है और अपने मादक उपकरणों से भी रामेश्वर को अपनी ओर आकर्षित करने में वह असमर्थ है। रामेश्वर पर मुझे क्रोध आया और लैला को फिर अपने विचारों से उलझते देख कर झुँझला उठा। अब किनारा समीप हो चला था। मैं मुचकुन्द की ओर से नाव घुमाने को था कि मुझे उस प्रशान्त जल में दो शिर तैरते हुए दिखाई पड़े। शरद-काल की शीतल रजनी में उन तैरनेवालों पर मुझे आश्चर्य हुआ। मैंने डाँड़ चलाना बन्द कर दिया। दोनों तैरनेवाले डोंगी के पास आ चले थे। मैंने चन्द्रिका के आलोक में पहचान लिया, वह लैला का सुन्दर मुख था। कुमुदिनी की तरह प्रफुल्ल चाँदनी में हँसता हुआ लैला का मुख! मैंने पुकारा-लैला! वह बोलने ही को थी कि उसके साथवाला मुख गुर्रा उठा। मैंने समझा कि उसका साथी गुल होगा; किन्तु लैला ने कहा-चुप, बाबूजी हैं। अब मैंने पहचाना-वह एक भयानक ताजी कुत्ता है, जो लैला के साथ तैर रहा था। लैला ने कहा-बाबूजी, आप कहाँ? मेरी डोंगी के एक ओर लैला का हाथ था और दूसरी ओर कुत्ते के दोनों अगले पँजे। मैंने कहा-यों ही घूमने आया था और तुम रात को तैरती हो? लैला।

दिनभर काम करने के बाद अब तो छुट्टी मिली है, बदन ठण्डा कर रही हूँ-लैला ने कहा।

वह एक अद्भुत दृश्य था। इतने दिनों तक मैं जीवन के अकेले दिनों को काट चुका हूँ। अनेक अवसर विचित्र घटनाओं से पूर्ण और मनोरञ्जक मिले हैं; किन्तु ऐसा दृश्य तो मैंने कभी न देखा। मैंने पूछा-आज की रात तो बहुत ठण्डी है, लैला!

उसने कहा-नहीं, बड़ी गर्म।

दोनों ने अपनी रुकावट हटा ली। डोंगी चलने को स्वतन्त्र थी। लैला और उसका साथी दोनों तैरने लगे। मैं फिर अपने बँगले की ओर डोंगी खेने लगा। किनारे पर पहुँच कर देखता हूँ कि दुलारे खड़ा है। मैंने पूछा-क्यों रे! तू कब से यहाँ है?

उसने कहा-आपको आने में देर हुई, इसलिए मैं आया हूँ। रसोई ठण्डी हो रही है।

मैं डोंगी से उतर पड़ा और बँगले की ओर चला। मेरे मन में न जाने क्यों सन्देह हो रहा था कि दुलारे जान-बूझकर परखने आया था। लैला से बातचीत करते हुए उसने मुझे अवश्य देखा है। तो क्या वह मुझ पर कुछ सन्देह करता है? मेरा मन दुलारे को सन्देह करने का अवसर देकर जैसे कुछ प्रसन्न ही हुआ। बँगले पर पहुँचकर मैं भोजन करने बैठ गया। स्वभाव के अनुसार शरीर तो अपना नियमित सब करता ही रहा, किन्तु सो जाने पर भी वही सपना देखता रहा।

आज बहुत विलम्ब से सोकर उठा। आलस से कहीं घूमने-फिरने की इच्छा न थी। मैंने अपनी कोठरी में ही आसन जमाया। मेरी आँखों में वह रात्रि का दृश्य अभी घूम रहा था। मैंने लाख चेष्टा की किन्तु लैला और वह सिंहली भिक्षु दोनों ही ने मेरे हृदय को अखाड़ा बना लिया था। मैंने विरक्त होकर विचार-परम्परा को तोड़ने के लिये बाँसुरी बजाना आरम्भ किया। आसावरी के गम्भीर विलम्बित आलापों में फिर भी लैला की प्रेमपूर्ण आकृति जैसे बनने लगती। मैंने बाँसुरी बजाना बन्द किया और

ठीक विश्रामकाल में ही मैंने देखा कि प्रज्ञासारथि सामने खड़े हैं। मैंने उन्हें बैठाते हुए पूछा-आज आप इधर कैसे भूल पड़े?

यह प्रश्न मेरी विचार-विश्रृंखलता के कारण हुआ था, क्योंकि वे तो प्राय: मेरे यहाँ आया ही करते थे। उन्होंने हँस कर कहा-मेरा आना भूलकर नहीं, किन्तु कारण से हुआ है। कहिये, आपने उस विषय में कुछ स्थिर किया?

मैंने अनजान बनकर पूछा-किस विषय में?

प्रज्ञासारथि ने कहा-वही पाठशाला की देख-रेख करने के लिए, जैसा मैंने उस दिन आपसे कहा था।

मैंने बात उड़ाने के ढंग से कहा-आप तो सोच-विचारकर काम करने में विश्वास ही नहीं रखते। आपका तो यही कहना है न कि मनुष्य प्राय: अनिच्छावश बहुत-से काम करने के लिए बाध्य होता है, तो फिर मुझे उस पर सोचने-विचारने की क्या आवश्यकता थी? जब वैसा अवसर आवेगा, तब देखा जायगा।

कृपया मेरी बातों का मनोनुकूल अर्थ न लगाइए। यह तो मैं मानता हूँ कि आप अपने ढंग से विचार करने के लिए स्वतन्त्र हैं; किन्तु उन्हें क्रियात्मक रूप देने के समय आपकी स्वतन्त्रता में मेरा विश्वास संदिग्ध हो जाता है। प्राय: देखा जाता है, हम लोग क्या करने जाकर क्या कर बैठते हैं, तो भी हम उसकी जिम्मेदारी से छूटते नहीं। मान लीजिए कि लैला के हृदय में एक दुराशा उत्पन्न करके आपने रामेश्वर के जीवन में अड़चन डाल दी है। सम्भव है, यह घटना साधारण न रह कर कोई भीषण काण्ड उपस्थित कर सकती है और आपका मित्र अपने अनिष्ट करनेवाले को न भी पहचान सके, तो क्या आप अपने ही मन के सामने इसके लिए अपराधी न ठहरेंगे?

प्रज्ञासारथि की ये बातें मुझे बेढंगी-सी जान पड़ीं क्योंकि उस समय मुझे उनका आना और मुझे उपदेश देने का ढोंग रचना असह्य होने लगा। मेरी इच्छा होती थी कि वे किसी तरह भी यहाँ से चले जाते; तो भी मुझे उन्हें उत्तर देने के लिए इतना तो कहना ही पड़ा कि-आप कच्चे अदृष्टवादी हैं। आपके जैसा विचार रखने पर मैं तो इसे इस तरह सुलझाऊँगा कि अपराध करने में और दण्ड देने में मनुष्य एक दूसरे का सहायक होता है। हम आज जो किसी को हानि पहुँचाते हैं, या कष्ट देते हैं, वह इतने ही के लिए नहीं कि उसने मेरी कोई बुराई की है। हो सकता है कि मैं उसके किसी अपराध का यह दण्ड समाज-व्यवस्था के किसी मौलिक नियम के अनुसार दे रहा हूँ। फिर चाहे मेरा यह दण्ड देना भी अपराध बन जाय और उसका फल भी मुझे भोगना पड़े। मेरे इस कहने पर प्रज्ञासारथि ने हँस दिया और कहा-श्रीनाथजी, मैं आपकी दण्ड-व्यवस्था ही तो करने आया हूँ। आप अपने बेकार जीवन को मेरी बेगार में लगा दीजिए। मैंने पिण्ड छुड़ाने के लिए कहा- अच्छा, तीन दिन सोचने का अवसर दीजिए।

प्रज्ञासारथि चले गये और मैं चुपचाप सोचने लगा। मेरे स्वतन्त्र जीवन में माँ के मर जाने के बाद यह दूसरी उलझन थी। निश्चिन्त जीवन की कल्पना का अनुभव मैंने इतने दिनों तक कर लिया था। मैंने देखा कि मेरे निराश जीवन में उल्लास का छींटा भी नहीं। यह ज्ञान मेरे हृदय को और और भी स्पर्श करने लगा। मैं जितना ही विचारता था, उतना ही मुझे निश्चिन्तता और निराशा का अभेद दिखलाई पड़ता था। मेरे आलसी जीवन में सक्रियता की प्रतिध्वनि होने लगी। तो भी काम न करने का स्वभाव मेरे विचारों के बीच में जैसे व्यंग से मुस्करा देता था।

तीन दिनों तक मैंने सोचा और विचार किया। अन्त में प्रज्ञासारथि की विजय हुई क्योंकि मेरी दृष्टि में प्रज्ञासारथि का काम नाम के लिए तो अवश्य था, किन्तु करने में कुछ भी नहीं के बराबर।

मैंने अपना हृदय दृढ़ किया और प्रज्ञासारथि से जाकर कह दिया कि-मैं पाठशाला का निरीक्षण करूँगा, किन्तु मेरे मित्र आनेवाले हैं और जब तक यहाँ रहेंगे, तब तक तो मैं अपना बँगला न छोड़ूँगा

क्योंकि यहाँ उन लोगों के आने से आपको असुविधा होगी। फिर जब वे लोग चले जायेंगे, तब मैं यहीं आकर रहने लगूँगा।

मेरे सिंघली मित्र ने हँस कर कहा-अभी तो एक महीने यहाँ मैं अवश्य रहूँगा। यदि आप अभी से यहाँ चले आवें तो, बड़ा अच्छा हो, क्योंकि मेरे रहते यहाँ का सब प्रबन्ध आपकी समझ में आ जायगा। रह गई मेरी असुविधा की बात, सो तो केवल आपकी कल्पना है। मैं आपके मित्रों को यहाँ देखकर प्रसन्न ही होऊँगा। जगह की कमी भी नहीं।

मैं 'अच्छा' कह कर उनसे छुट्टी लेने के लिए उठ खड़ा हुआ; किन्तु प्रज्ञासारथि ने मुझे फिर से बैठाते हुए कहा-देखिए श्रीनाथजी, यह पाठशाला का भवन पूर्णत: आपके अधिकार में रहेगा। भिक्षुओं के रहने के लिए तो संघाराम का भाग अलग है ही और उसमें जो कमरे अभी अधूरे हैं, उन्हें शीघ्र ही पूरा कराकर तब मैं जाऊँगा और अपने संघ से मैं इसकी पक्की लिखा-पढ़ी कर रहा हूँ कि आप पाठशाला के आजीवन अवैतनिक प्रधानाध्यक्ष रहेंगे और उसमें किसी को हस्तक्षेप करने का अधिकार न होगा।

मैं उस युवक बौद्ध मिशनरी की युक्तिपूर्ण व्यावहारिकता देख कर मन-ही-मन चकित हो रहा था। एक क्षण भर के लिए उस सिंघली की व्यवहार-कुशल बुद्धि से मैं भीतर-ही-भीतर ऊब उठा। मेरी इच्छा हुई कि मैं स्पष्ट अस्वीकार कर दूँ; किन्तु न जाने क्यों मैं वैसा न कर सका। मैंने कहा-तो आपको मुझमें इतना विश्वास है कि मैं आजीवन आपकी पाठशाला चलाता रहूँगा!

प्रज्ञासारथि ने कहा-शक्ति की परीक्षा दूसरों ही पर होती है; यदि मुझे आपकी शक्ति का अनुभव हो, तो कुछ आश्चर्य की बात नहीं। और आप तो जानते ही हैं कि धार्मिक मनुष्य विश्वासी होता है। सूक्ष्म रूप से जो कल्याण-ज्योति मानवता में अन्तर्निहित है, मैं तो उसमें अधिक-से-अधिक श्रद्धा करता हूँ। विपथगामी होने पर वही सन्त हो करके मनुष्य का अनुशासन करती है, यदि उसकी पशुता ही प्रबल न हो गई हो, तो।

मैंने प्रज्ञासारथि की आँखों से आँख मिलाते हुए देखा, उसमें तीव्र संयम की ज्योति चमक रही थी, मैं प्रतिवाद न कर सका, और यह कहते हुए खड़ा हुआ कि- अच्छा, जैसा आप कहते हैं वैसा ही होगा!

मैं धीरे-धीरे बँगले की ओर लौट रहा था। रास्ते में अचानक देखता हूँ कि दुलारे दौड़ा हुआ चला आ रहा है। मैंने पूछा-क्या है रे?

उसने कहा-बाबूजी, घोड़ागाड़ी पर बहुत-से आदमी आये हैं। वे लोग आपको पूछ रहे हैं।

मैंने समझ लिया कि रामेश्वर आ गया। दुलारे से कहा कि-तू दौड़ जा, मैं यहीं खड़ा हूँ। उन लोगों को सामान-सहित यहीं लिवा ला!

दुलारे तो बँगले की ओर भागा, किन्तु मैं उसी जगह अविचल भाव से खड़ा रहा। मन में विचारों की आँधी उठने लगी, रामेश्वर तो आ गया और वे ईरानी भी यहीं हैं। ओह, मैंने कैसी मूर्खता की! तो मेरे मन को जैसे ढाढ़स हुआ कि रामेश्वर मेरे बँगले में नहीं ठहरता है। इस बौद्ध पाठशाला तक लैला क्यों आने लगी? जैसे लैला को वहाँ आने में कोई दैवी बाधा हो। फिर मेरा सिर चकराने लगा। मैंने कल्पना की आँखों से देखा कि लैला अबाधगति से चलने वाली एक निर्झरणी है। पश्चिम की सरटि से भरी हुई वायुतरंग-माला है। उसको रोकने की किसमें सामर्थ्य है; और फिर अकेले रामेश्वर ही तो नहीं, उसकी स्त्री भी उसके साथ है। अपनी मूर्खतापूर्ण करनी से मेरा ही दम घुटने लगा। मैं खड़ा-खड़ा झील की ओर देख रहा था। उसमें छोटी-छोटी लहरियाँ उठ रही थीं, जिनमें सूर्य की किरणें प्रतिबिम्बित होकर आँखों को चौंधिया देती थीं। मैंने आँखें बन्द कर लीं। अब मैं कुछ नहीं सोचता था। गाड़ी की घरघराहट ने मुझे सजग किया। मैंने देखा कि रामेश्वर गाड़ी का पल्ला खोलकर वहीं सड़क में उतर रहा है।

मैं उससे गले मिल शीघ्रता से कहने लगा-गाड़ी पर बैठ जाओ। मैं भी चलता हूँ। यहीं पास ही चलना है।-उसने गाड़ीवान से चलने के लिए कहा। हम दोनों साथ-साथ पैदल ही चले। पाठशाला के समीप प्रज्ञासारथि अपनी रहस्यपूर्ण मुस्कराहट के साथ अगवानी करने के लिए खड़े थे।

दो दिनों में हम लोग अच्छी तरह रहने लगे। घर का कोना-कोना आवश्यक चीजों से भर गया। प्रज्ञासारथि इसमें बराबर हम लोगों के साथी हो रहे थे और सबसे अधिक आश्चर्य मुझे मालती को देख कर हुआ। वह मानो इस जीवन की सम्पूर्ण गृहस्थी यहाँ सजा कर रहेगी। मालती एक स्वस्थ युवती थी; किन्तु दूर से देखने में अपनी छोटी-सी आकृति के कारण वह बालिका-सी लगती थी। उसकी तीनों सन्तानें बड़ी सुन्दर थीं। मिन्ना छह बरस का, रज्जन चार का और कमलो दो की थी। कमलो सचमुच एक गुड़िया थी, कल्लू का उससे इतना घना परिचय हो गया कि दोनों को एक दूसरे बिना चैन नहीं। मैं सोचता था कि प्राणी क्या स्नेहमय ही उत्पन्न होता है। अज्ञात प्रदेशों से आकर वह संसार में जन्म लेता है। फिर अपने लिए स्नेहमय सम्बन्ध बना लेता है; किन्तु मैं सदैव इन बुरी बातों से भागता ही रहा। इसे मैं अपना सौभाग्य कहूँ, या दुर्भाग्य?

इन्हीं कई दिनों में रामेश्वर के प्रति मेरे हृदय में इतना स्नेह उमड़ा कि मैं उसे एक क्षण छोड़ने के लिए प्रस्तुत न था। अब हम लोग साथ बैठकर भोजन करते, साथ ही टहलने निकलते। बातों का तो अन्त ही न था। कल्लू तीनों लड़कों को बहलाये रहता। दुलारे खाने-पीने का प्रबन्ध कर लेता। रामेश्वर से मेरी बातें होती और मालती चुपचाप सुना करती। कभी-कभी बीच में कोई अच्छी-सी मीठी बात बोल भी देती।

और प्रज्ञासारथि को तो मानो एक पाठशाला ही मिल गई थी। वे गार्हस्थ्य-जीवन का चुपचाप अच्छा-सा अध्ययन कर रहे थे।

एक दिन मैं बाजार से अकेला लौट रहा था। बंगले के पास मैं पहुँचा ही था, कि लैला मुझे दिखाई पड़ी। वह अपने घोड़े पर सवार थी। मैं क्षण भर तक विचारता रहा कि क्या करूँ। तब तक घोड़े से उतर कर वह मेरे पास चली आई। मैं खड़ा हो गया था। उसने पूछा-बाबूजी, आप कहीं चले गये थे?

हाँ!

अब इस बँगले में आप नहीं रहते?

मैं तुमसे एक बात कहना चाहता हूँ, लैला। मैंने घबरा कर उससे कहा।

क्या बाबूजी?

वह चिट्ठी।

है मेरे ही पास, क्यों?

मैंने उसमें कुछ झूठ कहा था।

झूठ! लैला की आँखों से बिजली निकलने लगी थी।

हाँ लैला! उसमें रामेश्वर ने लिखा था कि मैं तुमको नहीं चाहता, मुझे बाल-बच्चे हैं।

ऐं! तुम झूठे! दगाबाज! .... कहती हुई लैला अपनी छुरी की ओर देखती हुई दाँत पीसने लगी।

मैंने कहा-लैला, तुम मेरा कसूर....।

तुम मेरे दिल से दिल्लगी करते थे! कितने रञ्ज की बात है! वह कुछ न कह सकी। वहीं बैठकर रोने लगी। मैंने देखा कि यह बड़ी आफत है। कोई मुझे इस तरह यहाँ देखेगा तो क्या कहेगा। मैं तुरन्त वहाँ से चल देना चाहता था, किन्तु लैला ने आँसू भरी आँखों से मेरी ओर देखते हुए कहा-तुमने मेरे लिए दुनिया में एक बड़ी अच्छी बात सुनाई थी। वह मेरी हँसी थी! इसे जान कर आज मुझे इतना

गुस्सा आता है कि मैं तुमको मार डालूँ या आप ही मर जाऊँ।-लैला दाँत पीस रही थी। मैं काँप उठा-अपने प्राणों के भय से नहीं किन्तु लैला के साथ अदृष्ट के खिलवाड़ पर और अपनी मूर्खता पर। मैंने प्रार्थना के ढंग से कहा-लैला, मैंने तुम्हारे मन को ठेस लगा दी है-इसका मुझे बड़ा दुःख है। अब तुम उसको भूल जाओ।

तुम भूल सकते हो, मैं नहीं! मैं खून करूँगी!-उसकी आँखों से ज्वाला निकल रही थी।

किसका, लैला! मेरा?

ओह नहीं, तुम्हारा नहीं, तुमने एक दिन मुझे सबसे बड़ा आराम दिया है। हो, वह झूठा। तुमने अच्छा नहीं किया था, तो भी मैं तुमको अपना दोस्त समझती हूँ।

तब किसका खून करोगी?

उसने गहरी साँस ले कर कहा-अपना या किसी..... फिर चुप हो गई। मैंने कहा-तुम ऐसा न करोगी, लैला! मेरा और कुछ कहने का साहस नहीं होता था। उसी ने फिर पूछा-वह जो तेज हवा चलती है, जिसमें बिजली चमकती है, बरफ गिरती है, जो बड़े-बड़े पेड़ों को तोड़ डालती है।...हम लोगों के घरों को उड़ा ले जाती है।

आँधी!-मैंने बीच ही में कहा।

हाँ, वही मेरे यहाँ चल रही है!-कहकर लैला ने अपनी छाती पर हाथ रख दिया।

लैला!-मैंने अधीर होकर कहा।

मैं उसको एक बार देखना चाहती हूँ।-उसने भी व्याकुलता से मेरी ओर देखते हुए कहा।

मैं उसे दिखा दूँगा; पर तुम उसकी कोई बुराई तो न करोगी?-मैंने कहा।

हुश!-कहकर लैला ने अपनी काली आँखें उठाकर मेरी ओर देखा।

मैंने कहा-अच्छा लैला! मैं दिखा दूँगा।

कल मुझसे यहीं मिलना। कहती हुई वह अपने घोड़े पर सवार हो गई। उदास लैला के बोझ से वह घोड़ा भी धीरे-धीरे चलने लगा और लैला झुकी हुई-सी उस पर मानो किसी तरह बैठी थी।

मैं वहीं थोड़ी देर तक खड़ा रहा। और फिर धीरे-धीरे अनिच्छापूर्वक पाठशाला की ओर लौटा। प्रज्ञासारथि पीपल के नीचे शिलाखण्ड पर बैठे थे। मिन्रा उनके पास खड़ा उनका मुँह देख रहा था। प्रज्ञासारथि की रहस्यपूर्ण हँसी आज अधिक उदार थी। मैंने देखा कि वह उदासीन विदेशी अपनी समस्या हल कर चुका है। बच्चों की चहल-पहल ने उसके जीवन में वाञ्छित परिवर्तन ला दिया है। और मैं?

मैं कह चुका था, इसलिए दूसरे दिन लैला से भेंट करने पहुँचा। देखता हूँ कि वह पहले ही से वहाँ बैठी है। निराशा से उदास उसका मुँह आज पीला हो रहा था। उसने हँसने की चेष्टा नहीं की और न मैंने ही। उसने पूछा-तो कब, कहाँ चलना होगा? मैं तो सूरत में उससे मिली थी! वहीं उसने मेरी चिट्ठी का जवाब दिया था। अब कहाँ चलना होगा?

मैं भौंचक-सा हो गया। लैला को विश्वास था कि सूरत, बम्बई, काश्मीर वह चाहे कहीं हो, मैं उसे लिवाकर चलूँगा ही। और रामेश्वर से भेंट करा दूँगा। सम्भवत: उसने मेरे परिहास का दण्ड निर्धारित कर लिया था। मैं सोचने लगा-क्या कहूँ।

लैला ने फिर कहा-मैं उसकी बुराई न करूँगी, तुम डरो मत।

मैंने कहा-वह यहीं आ गया है। उसके बाल-बच्चे सब साथ हैं! लैला, तुम चलोगी?

वह एक बार सिर से पैर तक काँप उठी! और मैं भी घबरा गया। मेरे मन में नई आशंका हुई। आज मैं क्या दूसरी भूल करने जा रहा हूँ? उसने सम्हलकर कहा-हाँ चलूँगी, बाबू! मैंने गहरी दृष्टि से उसके मुँह की ओर देखा, तो अन्धड़ नहीं, किन्तु एक शीतल मलय का व्याकुल झोंका उसकी घुँघराली लटों के साथ खेल रहा था। मैंने कहा-अच्छा, मेरे पीछे-पीछे चलो आओ!

मैं चला और वह मेरे पीछे थी। जब पाठशाला के पास पहुँचा, तो मुझे हारमोनियम का स्वर और मधुर आलाप सुनाई पड़ा। मैं ठिठककर सुनने लगा-रमणी-कण्ठ की मधुर ध्वनि! मैंने देखा कि लैला की भी आँखे उस संगीत के नशे में मतवाली हो चली हैं। उधर देखता हूँ तो कमलो को गोद में लिये प्रज्ञासारथि भी झूम रहे हैं। अपने कमरे में मालती छोटे-से सफरी बाजे पर पीलू गा रही है और अच्छी तरह गा रही है! रामेश्वर लेटा हुआ उसके मुँह की ओर देख रहा है। पूर्ण तृप्ति! प्रसन्नता की माधुरी दोनों के मुँह पर खेल रही है! पास ही रञ्जन और मिन्त्रा बैठे हुए अपने माता और पिता को देख रहे हैं! हम लोगों के आने की बात कौन जानता है। मैंने एक क्षण के लिए अपने को कोसा; इतने सुन्दर संसार में कलह की ज्वाला जला कर मैं तमाशा देखने चला था। हाय रे-मेरा कुतूहल! और लैला स्तब्ध अपनी बड़ी-बड़ी आँखों से एकटक न जाने क्या देख रही थी। मैं देखता था कि कमलो प्रज्ञासारथि की गोद से धीरे से खिसक पड़ी और बिल्ली की तरह पैर दबाती हुई अपनी माँ की पीठ पर हँसती हुई गिर पड़ी, और बोली-माँ! और गाना रुक गया। कमलो के साथ मिन्त्रा और रञ्जन भी हँस पड़े। रामेश्वर ने कहा-कमलो, तू बली पाजी है ले! बा-पाजी-लाल-कहकर कमलो ने अपनी नन्ही-सी उँगली उठाकर हम लोगों की ओर संकेत किया। रामेश्वर तो उठकर बैठ गये। मालती ने मुझे देखते ही सिर का कपड़ा तनिक आगे की ओर खींच लिया और लैला ने रामेश्वर को देखकर सलाम किया। दोनों की आँखे मिलीं। रामेश्वर के मुँह पर पल भर के लिए एक घबराहट दिखाई पड़ी। फिर उसने सम्हलकर पूछा-अरे लैला! तुम यहाँ कहाँ?

चारयारी न लोगे, बाबू?-कहती हुई लैला निर्भीक भाव से मालती के पास जाकर बैठ गई।

मालती लैला पर एक सलज्ज मुस्कान छोड़ती हुई, उठ खड़ी हुई। लैला उसका मुँह देख रही थी, किन्तु उस ओर ध्यान न देकर मालती ने मुझसे कहा-भाई जी, आपने जलपान नहीं किया। आज तो आप ही के लिए मैंने सूरन के लड् बनाये हैं।

तो देती क्यों नहीं पगली, मैं सवेरे से ही भूखा भटक रहा हूँ-मैंने कहा। मालती जलपान ले आने गई। रामेश्वर ने कहा-चारयारी ले आई हो? लैला ने हाँ कहते हुए अपना बेग खोला। फिर रुक कर उसने अपने गले से एक ताबीज निकाला। रेशम से लिपटा हुआ चौकोर ताबीज का सीवन खोलकर उसने वह चिट्ठी निकाली। मैं स्थिर भाव से देख रहा था। लैला ने कहा-पहले बाबूजी, इस चिट्ठी को पढ़ दीजिए।-रामेश्वर ने कम्पित हाथों से उसको खोला, वह उसी का लिखा हुआ पत्र था। उसने घबराकर लैला की ओर देखा। लैला ने शान्त स्वरों में कहा-पढ़िए बाबू! मैं आप ही के मुँह से सुनना चाहती हूँ।

रामेश्वर ने दृढ़ता से पढ़ना आरम्भ किया। जैसे उसने अपने हृदय का समस्त बल आनेवाली घटनाओं का सामना करने के लिए एकत्र कर लिया हो; क्योंकि मालती जलपान लिये आ ही रही थी। रामेश्वर ने पूरा पत्र पढ़ लिया। केवल नीचे अपना नाम नहीं पढ़ा। मालती खड़ी सुनती रही और मैं सूरन के लड् खाता रहा। बीच-बीच में मालती का मुँह देख लिया करता था! उसने बड़ी गम्भीरता से पूछा-भाई जी, लड् कैसे हैं, यह तो आपने बताया नहीं, धीरे से खा गये।

जो वस्तु अच्छी होती है, वही तो गले में धीरे से उतार ली जाती है। नहीं तो कड़वी वस्तु के लिए, थू-थू न करना पड़ता। मैं कह ही रहा था कि लैला ने रामेश्वर से कहा- ठीक तो! मैंने सुन लिया। अब आप उसको फाड़ डालिए। तब आपको चारयारी दिखाऊँ।

रामेश्वर सचमुच पत्र फाड़ने लगा। चिन्दी-चिन्दी उस कागज के टुकड़े की उड़ गई और लैला ने एक छिपी हुई गहरी साँस ली, किन्तु मेरे कोनों ने उसे सुन ही लिया। वह तो एक भयानक आँधी से

कम न थी। लैला ने सचमुच एक सोने की चारयारी निकाली। उसके साथ एक सुन्दर मूँगे की माला। रामेश्वर ने चारयारी लेकर देखा। उसने मालती से पचास के नोट देने के लिए कहा। मालती अपने पति के व्यवसाय को जानती थी, उसने तुरन्त नोट दे दिये। रामेश्वर ने जब नोट लैला की ओर बढ़ाये, तभी कमलो सामने आकर खड़ी हो गई-बा..... लाल.....। रामेश्वर ने पूछा, क्या है रे कमलो?

पुतली-सी सुन्दर बालिका ने रामेश्वर के गालों को अपने छोटे से हाथों से पकड़ कर कहा-लाला-लाल....

लैला ने नोट ले लिये थे। पूछा-बाबूजी! मूँगे की माला न लीजिएगा?

नहीं।

लैला ने माला उठाकर कमलो को पहना दी। रामेश्वर नहीं-नहीं कर ही रहा था किन्तु उसने सुना नहीं! कमलो ने अपनी माँ को देखकर कहा माँ....लाल....वह हँस पड़ी और कुछ नोट रामेश्वर को देते हुए बोली-तो ले न लो, इसका भी दाम दे दो।

लैला ने तीव्र दृष्टि से मालती को देखा; मैं तो सहम गया था। मालती हँस पड़ी। उसने कहा-क्या दाम न लोगी?

लैला, कमलो का मुँह चूमती हुई उठ खड़ी हुई। मालती अवाक्, रामेश्वर स्तब्ध, किन्तु मैं प्रकृतिस्थ था।

लैला चली गई।

मैं विचारता रहा, सोचता रहा। कोई अन्त न था-ओर-छोर को पता नहीं। लैला-प्रज्ञासारथि-रामेश्वर और मालती सभी मेरे सामने बिजली के पुतलों-से चक्कर काट रहे थे। सन्ध्या हो चली थी, किन्तु मैं पीपल के नीचे से उठ न सका। प्रज्ञासारथि अपना ध्यान समाप्त करके उठे। उन्होंने मुझे पुकारा-श्रीनाथजी! मैंने हँसने की चेष्टा करते हुए कहा-कहिए!

आज तो आप भी समाधिस्थ रहे।

तब भी इसी पृथ्वी पर था! जहाँ लालसा क्रन्दन करती है, दुःखानुभूति हँसती है और नियति अपने मिट्टी के पुतलों के साथ अपना क्रूर मनोविनोद करती है; किन्तु आप तो बहुत ऊँचे किसी स्वर्गीय भावना में.....

ठहरिये श्रीनाथजी! सुख और दुःख, आकाश और पृथ्वी, स्वर्ग और नरक के बीच में है वह सत्य, जिसे मनुष्य प्राप्त कर सकता है।

मुझे क्षमा कीजिए! अन्तरिक्ष में उड़ने की मुझमें शक्ति नहीं है। मैंने परिहास-पूर्वक कहा।

साधारण मन की स्थिति को छोड़ कर जब मनुष्य कुछ दूसरी बात सोचने के लिए प्रयास करता है; तब क्या वह उड़ने का प्रयास नहीं? हम लोग कहने के लिए द्विपद हैं, किन्तु देखिए तो जीवन में हम लोग कितनी बार उचकते हैं, उड़ान भरते हैं। वही तो उन्नति की चेष्टा, जीवन के लिए संग्राम, और भी क्या-क्या नाम से प्रशंसित नहीं होती? तो मैं भी इसकी निन्दा नहीं करता; उठने की चेष्टा करनी चाहिए, किन्तु आप यही न कहेंगे कि समझ-बूझ कर एक बार उचकना चाहिए; किन्तु उस एक बार को-उस अचूक अवसर को जानना सहज नहीं। इसीलिए तो मनुष्य को, जो सबसे बुद्धिमान प्राणी है, बार-बार धोखा खाना पड़ता है। उन्नति को उसने विभिन्न रूपों में अपनी आवश्यकताओं के साथ इतना मिलाया है कि उसे सिद्धान्त बना लेना पड़ा है कि उन्नति का द्वन्द्व पतन ही है।

संयम का वज्र-गम्भीर नाद प्रकृति से नहीं सुनते हो? शारीरिक कर्म तो गौण है, मुख्य संयम तो मानसिक है। श्रीनाथजी, आज लैला का वह मन का संयम क्या किसी महानदी की प्रखर धारा के अचल बाँध से कम था? मैं तो देखकर अवाक् था। आपकी उस समय विचित्र परिस्थिति रही। फिर

भी कैसे सब निर्विघ्न समाप्त हो गया। उसे सोचकर तो मैं अब भी चकित हो जाता हूँ; क्या वह इस भयानक प्रतिरोध के धक्के को सम्हाल लेगी?

लैला के वक्ष:स्थल में कितना भीषण अन्धड़ चल रहा होगा, इसका अनुभव हम लोग नहीं कर सकते! मैं अब भी इससे भयभीत हो रहा हूँ।

प्रज्ञासारथि चुप रहकर धीरे-धीरे कहने लगे-मैं तो कल जाऊँगा। यदि तुम्हारी सम्मति हो, तो रामेश्वर को भी साथ चलने के लिए कहूँ। बम्बई तक हम लोगों का साथ रहेगा और मालती इस भयावनी छाया से शीघ्र ही दूर हट जायगी! फिर तो सब कुशल ही है। ....

मेरे त्रस्त मन को शरण मिली। मैंने कहा-अच्छी बात है। प्रज्ञासारथि उठ गये। मैं वहीं बैठा रहा, और भी बैठा रहता, यदि मिन्रा और रञ्जन की किलकारी और रामेश्वर की डाँट-डपट-मालती की कलछी की खट-खट का कोलाहल जोर न पकड़ लेता और कल्लू सामने आकर न खड़ा हो जाता।

प्रज्ञासारथि, रामेश्वर और मालती को गये एक सप्ताह से ऊपर हो गया। अभी तक उस वास्तविक संसार का कोलाहल सुदूर से आती हुई मधुर संगीत की प्रतिध्वनि के समान मेरे कानों में गूँज रहा था। मैं अभी तक उस मादकता को उतार न सका था। जीवन में पहले की-सी निश्चिन्तता का विराग नहीं, न तो वह बे-परवाही रही। मैं सोचने लगा कि अब मैं क्या करूँ?

कुछ करने की इच्छा क्यों? मन के कोने से चुटकी लेते कौन पूछ बैठा?

किये बिना तो रहा नहीं जाता।

करो भी, पाठशाला से क्या मन ऊब चला?

उतने से सन्तोष नहीं होता।

और क्या चाहिए?

यही तो समझ नहीं सका, नहीं तो यह प्रश्न ही क्यों करता कि-अब मैं क्या करूँ-मैंने झुँझला कर कहा। मेरी बातों का उत्तर लेने-देनेवाला मुस्करा कर हट गया। मैं चिन्ता के अन्धकार में डूब गया! वह मेरी ही गहराई थी, जिसकी मुझे थाह न लगी। मैं प्रकृतिस्थ हुआ कब, जब एक उदास और ज्वालामयी तीव्र दृष्टि मेरी आँखों में घुसने लगी। अपने उस अन्धकार में मैंने एक ज्योति देखी।

मैं स्वीकार करूँगा कि वह लैला थी, इस पर हँसने की इच्छा हो तो हँस लीजिए, किन्तु मैं लैला को पा जाने के लिए विकल नहीं था, क्योंकि लैला जिसको पाने की अभिलाषा करती थी, वही उसे न मिला। और परिणाम ठीक मेरी आँखों के सामने था। तब? मेरी सहानुभूति क्यों जगी? हाँ, वह सहानुभूति थी। लैला जैसे दीर्घ पथ पर चलने वाले मुझ पथिक की चिरसंगिनी थी।

उस दिन इतना ही विश्वास करके मुझे सन्तोष हुआ।

रात को कलुआ ने पूछा-बाबूजी! आप घर न चलिएगा। मैं आश्चर्य से उसकी ओर देखने लगा। उसने हठ-भरी आँखों से फिर वही प्रश्न किया। मैंने हँस कर कहा-मेरा घर तो यही है रे कलुआ!

नहीं बाबूजी! जहाँ मिन्रा गये हैं। जहाँ रञ्जन और जहाँ कमलो गई है, वहीं तो घर है।

जहाँ बहूजी गई हैं-जहाँ बाबाजी....हठात् प्रज्ञासारथि का मुझे स्मरण हो आया। मुझे क्रोध में कहना पड़ा-कलुआ, मुझे और कहीं घर-वर नहीं है। फिर मन-ही-मन कहा-इस बात को वह बौद्ध समझता था- "हूँ, सबको घर है, बाबाजी को, बहूजी को, मिन्रा को-सबको है, आपको नहीं है?" उसने ठुनकते हुए कहा।

किन्तु मैं अपने ऊपर झुँझला रहा था। मैंने कहा-बकवाद न कर, जा सो रह, आज-कल तू पढ़ता नहीं।

कलुआ सिर झुकाये-व्यथा-भरे वक्ष:स्थल को दबाये अपने बिछौने पर जा पड़ा। और मैं उस निस्तब्ध रात्रि में जागता रहा! खिड़की में से झील का आन्दोलित जल दिखाई पड़ रहा था और मैं आश्चर्य से अपना ही बनाया हुआ चित्र उसमें देख रहा था। चंदा के प्रशान्त जल में एक छोटी-सी नाव है, जिस पर मालती, रामेश्वर बैठे थे और मै डाँड़ा चला रहा था। प्रज्ञासारथि तीर पर खड़े बच्चों को बहला रहे थे। हम लोग उजली चाँदनी में नाव खेते चले जा रहे थे। सहसा चित्र में एक और मूर्ति का प्रादुर्भाव हुआ। वह थी लैला! मेरी आँखे तिलमिला गई।

मैं जागता था-सोता था।

सवेरा हो गया था। नींद से भरी आँखे नहीं खुलती थीं, तो भी बाहर के कोलाहल ने मुझे जगा दिया। देखता हूँ, तो ईरानियों का एक झुण्ड बाहर खड़ा है।

मैंने पूछा-क्या है?

गुल ने कहा-यहाँ का पीर कहाँ है?

पीर!-मैंने आश्चर्य से पूछा।

हाँ वही, जो पीला-पीला कपड़ा पहनता था।

मैं समझ गया, वे लोग प्रज्ञासारथि को खोजते थे। मैंने कहा-वह तो यहाँ नहीं है, अपने घर गये। काम क्या है?

एक लड़की को हवा लगी है, यहीं का कोई आसेब है। पीर को दिखलाना चाहती हूँ।-एक अधेड़ स्त्री ने बड़ी व्याकुलता से कहा।

मैंने पूछा-भाई! मैं तो यह सब कुछ नहीं जानता। वह लड़की कहाँ है?

पड़ाव पर, बाबूजी! आप चलकर देख लीजिए।

आगे वह कुछ न बोल सकी। किन्तु गुल ने कहा-बाबू! तुम जानते हो, वही-लैला!

आगे मैं न सुन सका। अपनी ही अन्तध्वनि से मैं व्याकुल हो गया। यही तो होता है, किसी के उजड़ने से ही दूसरा बसता है। यदि यही विधि-विधान है, तो बसने का नाम उजडऩा ही है। यदि रामेश्वर, मालती और अपने बाल-बच्चों की चिन्ता छोड़कर लैला को ही देखता, तभी...किन्तु वैसा हो कैसे सकता है। मैंने कल्पना की आँखों से देखा; लैला का विवर्ण सुन्दर मुख-निराशा की झुलस से दयनीय मुख!

उन ईरानियों से फिर बात न करके मैं भीतर चला गया और तकिये में अपना मुँह छिपा लिया। पीछे सुना, कलुआ डाँट बताता हुआ कह रहा है-जाओ-जाओ, यहाँ बाबा जी नहीं रहते!

मैं लडक़ों को पढ़ाने लगा। कितना आश्चर्यजनक भयानक परिवर्तन मुझमें हो गया! उसे देखकर मैं ही विस्मित होता था। कलुआ इन्हीं कई महीनों में मेरा एकान्त साथी बन गया। मैंने उसे बार-बार समझाया, किन्तु वह बीच-बीच में मुझसे घर चलने के लिए कह बैठता ही था। मैं हताश हो गया। अब वह जब घर चलने की बात कहता, तो मैं सिर हिलाकर कह देता-अच्छा, अभी चलूँगा।

दिन इसी तरह बीतने लगे। बसन्त के आगमन से प्रकृति सिहर उठी। वनस्पतियों की रोमावली पुलकित थी। मैं पीपल के नीचे उदास बैठा हुआ ईषत् शीतल पवन से अपने शरीर में फुरहरी का अनुभव कर रहा था। आकाश की आलोक-माला चंदा की वीचियों में डुबकियाँ लगा रही थी। निस्तब्ध रात्रि का आगमन बड़ा गम्भीर था।

दूर से एक संगीत की-नन्ही-नन्ही करुण वेदना की तान सुनाई पड़ रही थी। उस भाषा को मैं नहीं समझता था। मैंने समझा, यह भी कोई छलना होगी। फिर सहसा मैं विचारने लगा कि नियति

भयानक वेग से चल रही है। आँधी की तरह उसमें असंख्य प्राणी तृण-तूलिका के समान इधर-उधर बिखर रहे हैं। कहीं से लाकर किसी को वह मिला ही देती है और ऊपर से कोई बोझे की वस्तु भी लाद देती है कि वे चिरकाल तक एक दूसरे से सम्बद्ध रहें। सचमुच! कल्पना प्रत्यक्ष हो चली। दक्षिण का आकाश धूसर हो चला-एक दानव ताराओं को निगलने लगा। पक्षियों का कोलाहल बढ़ा। अन्तरिक्ष व्याकुल हो उठा! कड़कड़ाहट में सभी आश्रय खोजने लगे; किन्तु मैं कैसे उठता! वह संगीत की ध्वनि समीप आ रही थी। वज्रनिर्घोष को भेद कर कोई कलेजे से गा रहा था। अन्धकार के साम्राज्य में तृण, लता, वृक्ष सचराचर कम्पित हो रहे थे।

कलुआ की चीत्कार सुन कर भीतर चला गया। उस भीषण कोलाहल में भी वही संगीत-ध्वनि पवन के हिण्डोले पर झूल रही थी, मानो पाठशाला के चारों ओर लिपट रही थी। सहसा एक भीषण अर्राहट हुई। अब मैं टार्च लिये बाहर आ गया।

आँधी रुक गई थी। मैंने देखा पीपल कि बड़ी-सी डाल फटी पड़ी है और लैला नीचे दबी हुई अपनी भावनाओं की सीमा पार कर चुकी है।

मैं अब भी चंदा-तट की बौद्ध पाठशाला का अवैतनिक अध्यक्ष हूँ। प्रज्ञासारथि के नाम को कोसता हुआ दिन बिताता हूँ। कोई उपाय नहीं। वहीं जैसे मेरे जीवन का केन्द्र है।

आज भी मेरे हृदय में आँधी चला करती है और उसमें लैला का मुख बिजली की तरह कौंधा करता है।

# मधुआ

आज सात दिन हो गये, पीने को कौन कहे-छुआ तक नहीं! आज सातवाँ दिन है, सरकार!

तुम झूठे हो। अभी तो तुम्हारे कपड़े से महँक आ रही है।

वह ... वह तो कई दिन हुए। सात दिन से ऊपर-कई दिन हुए-अन्धेरे में बोतल उँड़ेलने लगा था। कपड़े पर गिर जाने से नशा भी न आया। और आपको कहने का....क्या कहूँ .... सच मानिए। सात दिन-ठीक सात दिन से एक बूँद भी नहीं।

ठाकुर सरदार सिंह हँसने लगे। लखनऊ में लडक़ा पढ़ता था। ठाकुर साहब भी कभी-कभी वहीं आ जाते। उनको कहानी सुनने का चसका था। खोजने पर यही शराबी मिला। वह रात को, दोपहर में, कभी-कभी सवेरे भी आता। अपनी लच्छेदार कहानी सुनाकर ठाकुर साहब का मनो-विनोद करता।

ठाकुर ने हँसते हुए कहा-तो आज पियोगे न!

झूठ कैसे कहूँ। आज तो जितना मिलेगा, सब पिऊँगा। सात दिन चने-चबेने पर बिताये हैं, किसलिए।

अद्भुत! सात दिन पेट काटकर आज अच्छा भोजन न करके तुम्हें पीने की सूझी! यह भी...

सरकार! मौज-बहार की एक घड़ी, एक लम्बे दु:खपूर्ण जीवन से अच्छी है। उसकी खुमारी में रूखे दिन काट लिये जा सकते हैं।

अच्छा, आज दिन भर तुमने क्या-क्या किया है?

मैंने?-अच्छा सुनिये-सवेरे कुहरा पड़ता था, मेरे धुँआ से कम्बल-सा वह भी सूर्य के चारों ओर लिपटा था। हम दोनों मुँह छिपाये पड़े थे।

ठाकुर साहब ने हँसकर कहा-अच्छा, तो इस मुँह छिपाने का कोई कारण?

सात दिन से एक बूँद भी गले न उतरी थी। भला मैं कैसे मुँह दिखा सकता था! और जब बारह बजे धूप निकली, तो फिर लाचारी थी! उठा, हाथ-मुँह धोने में जो दु:ख हुआ, सरकार, वह क्या कहने की बात है! पास में पैसे बचे थे। चना चबाने से दाँत भाग रहे थे। कट-कटी लग रही थी। पराठेवाले के यहाँ पहुँचा, धीरे-धीरे खाता रहा और अपने को सेंकता भी रहा। फिर गोमती किनारे चला गया! घूमते-घूमते अँधेरा हो गया, बूँदें पड़ने लगीं, तब कहीं भाग के आपके पास आ गया।

अच्छा, जो उस दिन तुमने गड़रियेवाली कहानी सुनाई थी, जिसमें आसफुद्दौला ने उसकी लडक़ी का आँचल भुने हुए भुट्टे के दाने के बदले मोतियों से भर दिया था! वह क्या सच है?

सच! अरे, वह गरीब लडक़ी भूख से उसे चबाकर थू-थू करने लगी! ... रोने लगी! ऐसी निर्दयी दिल्लगी बड़े लोग कर ही बैठते हैं। सुना है श्री रामचन्द्र ने भी हनुमान जी से ऐसा ही ...

ठाकुर साहब ठठाकर हँसने लगे। पेट पकड़कर हँसते-हँसते लोट गये। साँस बटोरते हुए सम्हलकर बोले-और बड़प्पन कहते किसे हैं? कंगाल तो कंगाल! गधी लडक़ी! भला उसने कभी मोती देखे थे, चबाने लगी होगी। मैं सच कहता हूँ, आज तक तुमने जितनी कहानियाँ सुनाई, सब में

बड़ी टीस थी। शाहजादों के दुखड़े, रंग-महल की अभागिनी बेगमों के निष्फल प्रेम, करुण कथा और पीड़ा से भरी हुई कहानियाँ ही तुम्हें आती हैं; पर ऐसी हँसाने वाली कहानी और सुनाओ, तो मैं अपने सामने ही बढ़िया शराब पिला सकता हूँ।

सरकार! बूढ़ों से सुने हुए वे नवाबी के सोने-से दिन, अमीरों की रंग-रेलियाँ, दुखियों की दर्द-भरी आहें, रंगमहलों में घुल-घुल कर मरनेवाली बेगमें, अपने-आप सिर में चक्कर काटती रहती हैं। मैं उनकी पीड़ा से रोने लगता हूँ। अमीर कंगाल हो जाते हैं। बड़े-बड़ों के घमण्ड चूर होकर धूल में मिल जाते हैं। तब भी दुनिया बड़ी पागल है। मैं उसके पागलपन को भुलाने के लिए शराब पीने लगता हूँ- सरकार! नहीं तो यह बुरी बला कौन अपने गले लगाता!

ठाकुर साहब ऊँघने लगे थे। अँगीठी में कोयला दहक रहा था। शराबी सरदी से ठिठुरा जा रहा था। वह हाथ सेंकने लगा। सहसा नींद से चौंककर ठाकुर साहब ने कहा-अच्छा जाओ, मुझे नींद लग रही है। वह देखो, एक रुपया पड़ा है, उठा लो। लल्लू को भेजते जाओ।

शराबी रुपया उठाकर धीरे से खिसका। लल्लू था ठाकुर साहब का जमादार। उसे खोजते हुए जब वह फाटक पर की बगलवाली कोठरी के पास पहुँचा, तो सुकुमार कण्ठ से सिसकने का शब्द सुनाई पड़ा। वह खड़ा होकर सुनने लगा।

तो सूअर, रोता क्यों है? कुँवर साहब ने दो ही लातें लगाई हैं! कुछ गोली तो नहीं मार दी? कर्कश स्वर से लल्लू बोल रहा था; किन्तु उत्तर में सिसकियों के साथ एकाध हिचकी ही सुनाई पड़ जाती थी। अब और भी कठोरता से लल्लू ने कहा-मधुआ! जा सो रह, नखरा न कर, नहीं तो उठूँगा तो खाल उधेड़ दूँगा! समझा न?

शराबी चुपचाप सुन रहा था। बालक की सिसकी और बढ़ने लगी। फिर उसे सुनाई पड़ा-ले, अब भागता है कि नहीं? क्यों मार खाने पर तुला है?

भयभीत बालक बाहर चला आ रहा था! शराबी ने उसके छोटे से सुन्दर गोरे मुँह को देखा। आँसू की बूँदें ढुलक रही थीं। बड़े दुलार से उसका मुँह पोंछते हुए उसे लेकर वह फाटक के बाहर चला आया। दस बज रहे थे। कड़ाके की सर्दी थी। दोनों चुपचाप चलने लगे। शराबी की मौन सहानुभूति को उस छोटे-से सरल हृदय ने स्वीकार कर लिया। वह चुप हो गया। अभी वह एक तंग गली पर रुका ही था कि बालक के फिर से सिसकने की उसे आहट लगी। वह झिड़ककर बोल उठा-

अब क्या रोता है रे छोकरे?

मैंने दिन भर से कुछ खाया नहीं।

कुछ खाया नहीं; इतने बड़े अमीर के यहाँ रहता है और दिन भर तुझे खाने को नहीं मिला?

यही कहने तो मैं गया था जमादार के पास; मार तो रोज ही खाता हूँ। आज तो खाना ही नहीं मिला। कुँवर साहब का ओवरकोट लिए खेल में दिन भर साथ रहा। सात बजे लौटा, तो और भी नौ बजे तक कुछ काम करना पड़ा। आटा रख नहीं सका था। रोटी बनती तो कैसे! जमादार से कहने गया था! भूख की बात कहते-कहते बालक के ऊपर उसकी दीनता और भूख ने एक साथ ही जैसे आक्रमण कर दिया, वह फिर हिचकियाँ लेने लगा।

शराबी उसका हाथ पकड़कर घसीटता हुआ गली में ले चला। एक गन्दी कोठरी का दरवाजा ढकेलकर बालक को लिए हुए वह भीतर पहुँचा। टटोलते हुए सलाई से मिट्टी की ढेबरी जलाकर वह फटे कम्बल के नीचे से कुछ खोजने लगा। एक पराठे का टुकड़ा मिला! शराबी उसे बालक के हाथ में देकर बोला-तब तक तू इसे चबा, मैं तेरा गढ़ा भरने के लिए कुछ और ले आऊँ-सुनता है रे छोकरे! रोना मत, रोयेगा तो खूब पीटूँगा। मुझसे रोने से बड़ा बैर है। पाजी कहीं का, मुझे भी रुलाने का....

शराबी गली के बाहर भागा। उसके हाथ में एक रुपया था। बारह आने का एक देशी अड्डा और

दो आने की चाय....दो आने की पकौड़ी... नहीं-नहीं, आलू-मटर...अच्छा, न सही, चारों आने का मांस ही ले लूँगा, पर यह छोकरा! इसका गढ़ा जो भरना होगा, यह कितना खायगा और क्या खायेगा। ओह! आज तक तो कभी मैंने दूसरों के खाने का सोच-विचार किया ही नहीं। तो क्या ले चलूँ?-पहले एक अद्धा तो ले लूँ। इतना सोचते-सोचते उसकी आँखों पर बिजली के प्रकाश की झलक पड़ी। उसने अपने को मिठाई की दूकान पर खड़ा पाया। वह शराब का अद्धा लेना भूलकर मिठाई-पूरी ख़रीदने लगा। नमकीन लेना भी न भूला। पूरा एक रुपये का सामान लेकर वह दूकान से हटा। जल्द पहुँचने के लिए एक तरह से दौड़ने लगा। अपनी कोठरी में पहुँचकर उसने दोनों की पाँत बालक के सामने सजा दी। उनकी सुगन्ध से बालक के गले में एक तरावट पहुँची। वह मुस्कराने लगा।

शराबी ने मिट्टी की गगरी से पानी उँड़ेलते हुए कहा-नटखट कहीं का, हँसता है, सोंधी बास नाक में पहुँची न! ले खूब, ठूँसकर खा ले, और फिर रोया कि पीटा!

दोनों ने, बहुत दिन पर मिलनेवाले दो मित्रों की तरह साथ बैठकर भरपेट खाया। सीली जगह में सोते हुए बालक ने शराबी का पुराना बड़ा कोट ओढ़ लिया था। जब उसे नींद आ गई, तो शराबी भी कम्बल तानकर बड़बड़ाने लगा। सोचा था, आज सात दिन पर भरपेट पीकर सोऊँगा, लेकिन यह छोटा-सा रोना पाजी, न जाने कहाँ से आ धमका?

एक चिन्तापूर्ण आलोक में आज पहले पहल शराबी ने आँख खोलकर कोठरी में बिखरी हुई दारिद्रय की विभूति को देखा और देखा उस घुटनों से ठुड्डी लगाये हुए निरीह बालक को; उसने तिलमिलाकर मन-ही-मन प्रश्न किया-किसने ऐसे सुकुमार फूल को कष्ट देने के लिए निर्दयता की सृष्टि की? आह री नियति! तब इसको लेकर मुझे घर-बारी बनना पड़ेगा क्या? दुर्भाग्य! जिसे मैंने कभी सोचा भी न था। मेरी इतनी माया-ममता-जिस पर, आज तक केवल बोतल का ही पूरा अधिकार था-इसका पक्ष क्यों लेने लगी? इस छोटे-से पाजी ने मेरे जीवन के लिए कौन-सा इन्द्रजाल रचने का बीड़ा उठाया है? तब क्या करूँ? कोई काम करूँ? कैसे दोनों का पेट चलेगा? नहीं, भगा दूँगा इसे-आँख तो खोले?

बालक अँगड़ाई ले रहा था। वह उठ बैठा। शराबी ने कहा-ले उठ, कुछ खा ले, अभी रात का बचा हुआ है; और अपनी राह देख! तेरा नाम क्या है रे?

बालक ने सहज हँसी हँसकर कहा-मधुआ! भला हाथ-मुँह भी न धोऊँ। खाने लगूँ? और जाऊँगा कहाँ?

आह! कहाँ बताऊँ इसे कि चला जाय! कह दूँ कि भाड़ में जा; किन्तु वह आज तक दुःख की भट्ठी में जलता ही तो रहा है। तो... वह चुपचाप घर से झल्लाकर सोचता हुआ निकला-ले पाजी, अब यहाँ लौटूँगा ही नहीं। तू ही इस कोठरी में रह!

शराबी घर से निकला। गोमती-किनारे पहुँचने पर उसे स्मरण हुआ कि वह कितनी ही बातें सोचता आ रहा था, पर कुछ भी सोच न सका। हाथ-मुँह धोने में लगा। उजली धूप निकल आई थी। वह चुपचाप गोमती की धारा को देख रहा था। धूप की गरमी से सुखी होकर वह चिन्ता भुलाने का प्रयत्न कर रहा था कि किसी ने पुकारा- भले आदमी रहे कहाँ? सालों पर दिखाई पड़े। तुमको खोजते-खोजते मैं थक गया।

शराबी ने चौंककर देखा। वह कोई जान-पहचान का तो मालूम होता था; पर कौन है, यह ठीक-ठीक न जान सका।

उसने फिर कहा-तुम्हीं से कह रहे हैं। सुनते हो, उठा ले जाओ अपनी सान धरने की कल, नहीं तो सड़क पर फेंक दूँगा। एक ही तो कोठरी, जिसका मैं दो रुपये किराया देता हूँ, उसमें क्या मुझे अपना कुछ रखने के लिए नहीं है?

ओहो? रामजी, तुम हो भाई, मैं भूल गया था। तो चलो, आज ही उसे उठा लाता हूँ।-कहते हुए शराबी ने सोचा-अच्छी रही, उसी को बेचकर कुछ दिनों तक काम चलेगा।

गोमती नहाकर, रामजी, पास ही अपने घर पर पहुँचा। शराबी की कल देते हुए उसने कहा-ले जाओ, किसी तरह मेरा इससे पिण्ड छूटे।

बहुत दिनों पर आज उसको कल ढोना पड़ा। किसी तरह अपनी कोठरी में पहुँचकर उसने देखा कि बालक बैठा है। बड़बड़ाते हुए उसने पूछा-क्यों रे, तूने कुछ खा लिया कि नहीं? भर-पेट खा चुका हूँ, और वह देखो तुम्हारे लिए भी रख दिया है। कह कर उसने अपनी स्वाभाविक मधुर हँसी से उस रूखी कोठरी को तर कर दिया। शराबी एक क्षण चुप रहा। फिर चुपचाप जल-पान करने लगा। मन-ही-मन सोच रहा था-यह भाग्य का संकेत नहीं, तो और क्या है? चलूँ फिर सान देने का काम चलता करूँ। दोनों का पेट भरेगा। वही पुराना चरखा फिर सिर पड़ा। नहीं तो, दो बातें किस्सा-कहानी इधर-उधर की कहकर अपना काम चला ही लेता था? पर अब तो बिना कुछ किये घर नहीं चलने का। जल पीकर बोला-क्यों रे मधुआ, अब तू कहाँ जायगा?

कहीं नहीं।

यह लो, तो फिर क्या यहाँ जमा गड़ी है कि मैं खोद-खोद कर तुझे मिठाई खिलाता रहूँगा।

तब कोई काम करना चाहिए।

करेगा?

जो कहो?

अच्छा, तो आज से मेरे साथ-साथ घूमना पड़ेगा। यह कल तेरे लिये लाया हूँ! चल, आज से तुझे सान देना सिखाऊँगा। कहाँ, इसका कुछ ठीक नहीं। पेड़ के नीचे रात बिता सकेगा न!

कहीं भी रह सकूँगा; पर उस ठाकुर की नौकरी न कर सकूँगा?-शराबी ने एक बार स्थिर दृष्टि से उसे देखा। बालक की आँखे दृढ़ निश्चय की सौगन्ध खा रही थीं।

शराबी ने मन-ही-मन कहा-बैठे-बैठाये यह हत्या कहाँ से लगी? अब तो शराब न पीने की मुझे भी सौगन्ध लेनी पड़ी।

वह साथ ले जानेवाली वस्तुओं को बटोरने लगा। एक गट्ठर का और दूसरा कल का, दो बोझ हुए।

शराबी ने पूछा-तू किसे उठायेगा?

जिसे कहो।

अच्छा, तेरा बाप जो मुझको पकड़े तो?

कोई नहीं पकड़ेगा, चलो भी। मेरे बाप कभी मर गये।

शराबी आश्चर्य से उसका मुँह देखता हुआ कल उठाकर खड़ा हो गया। बालक ने गठरी लादी। दोनों कोठरी छोड़ कर चल पड़े।

# दासी

यह खेल किसको दिखा रहे हो बलराज?-कहते हुए फिरोज़ा ने युवक की कलाई पकड़ ली। युवक की मुट्ठी में एक भयानक छुरा चमक रहा था। उसने झुँझला कर फिरोज़ा की तरफ देखा। वह खिलखिलाकर हँस पड़ी। फिरोज़ा युवती से अधिक बालिका थी। अल्हड़पन, चञ्चलता और हँसी से बनी हुई वह तुर्क बाला सब हृदयों के स्नेह के समीप थी। नीली नसों से जकड़ी हुई बलराज की पुष्ट कलाई उन कोमल उँगलियों के बीच में शिथिल हो गई। उसने कहा-फिरोज़ा, तुम मेरे सुख में बाधा दे रही हो!

सुख जीने में है बलराज! ऐसी हरी-भरी दुनिया, फूल-बेलों से सजे हुए नदियों के सुन्दर किनारे, सुनहला सवेरा, चाँदी की रातें इन सबों से मुँह मोड़कर आँखे बन्द कर लेना! कभी नहीं! सबसे बढक़र तो इसमें हम लोगों की उछल-कूद का तमाशा है। मैं तुम्हें मरने न दूँगी।

क्यों?

यों ही बेकार मर जाना! वाह, ऐसा कभी नहीं हो सकता। जिहून के किनारे तुर्कों से लड़ते हुए मर जाना दूसरी बात थी। तब मैं तुम्हारी क़ब्र बनवाती, उस पर फूल चढ़ाती; पर इस गजनी नदी के किनारे अपना छुरा अपने कलेजे में भोंक कर मर जाना बचपना भी तो नहीं है।

बलराज ने देखा, सुल्तान मसऊद के शिल्पकला-प्रेम की गम्भीर प्रतिमा, गजनी नदी पर एक कमानी वाला पुल अपनी उदास छाया जलधारा पर डाल रहा है। उसने कहा-वही तो, न जाने क्यों मैं उसी दिन नहीं मरा, जिस दिन मेरे इतने वीर साथी कटार से लिपट कर इसी गजनी की गोद में सोने चले गये। फिरोज़ा! उन वीर आत्माओं का वह शोचनीय अन्त! तुम उस अपमान को नहीं समझ सकती हो।

सुल्तान ने सिल्जूको से हारे हुए तुर्क और हिन्द दोनों को ही नौकरी से अलग कर दिया। पर तुर्कों ने तो मरने की बात नहीं सोची?

कुछ भी हो, तुर्क सुल्तान के अपने लोगों में हैं और हिन्द बेगाने ही हैं। फिरोज़ा! यह अपमान मरने से बढ़ कर है।

और आज किसलिये मरने जा रहे थे?

वह सुनकर क्या करोगी?-कहकर बलराज छुरा फेंककर एक लम्बी साँस लेकर चुप हो रहा। फिरोज़ा ने उसका कन्धा पकड़कर हिलाते हुए कहा-

सुनूँगी क्यों नहीं। अपनी....हाँ, उसी के लिए! कौन है वह! कैसी है? बलराज! गोरी सी है, मेरी तरह वह भी पतली-दुबली है न? कानों में कुछ पहनती है? और गले में?

कुछ नहीं फिरोज़ा, मेरी ही तरह वह भी कंगाल है। मैंने उससे कहा था कि लड़ाई पर जाऊँगा और सुल्तान की लूट में मुझे भी चाँदी-सोने की ढेरी मिलेगी, जब अमीर हो जाऊँगा, तब आकर तुमसे ब्याह करूँगा।

तब भी मरने जा रहे थे! ख़ाली ही लौट कर भेंट करने की, उसे एक बार देख लेने की, तुम्हारी

इच्छा न हुई! तुम बड़े पाजी हो। जाओ, मरो या जियो, मैं तुमसे न बोलूँगी।

सचमुच फिरोज़ा ने मुँह फेर लिया। वह जैसे रूठ गई थी। बलराज को उसके इस भोलेपन पर हँसी न आ सकी। वह सोचने लगा, फिरोज़ा के हृदय में कितना स्नेह है! कितना उल्लास है? उसने पूछा-फिरोज़ा, तुम भी तो लड़ाई में पकड़ी गई गुलामी भुगत रही हो। क्या तुमने कभी अपने जीवन पर विचार किया है? किस बात का उल्लास है तुम्हें?

मैं अब गुलामी में नहीं रह सकूँगी। अहमद जब हिन्दस्तान जाने लगा था, तभी उसने राजा साहब से कहा था कि मैं एक हज़ार सोने के सिक्के भेजूँगा। भाई तिलक! तुम उसे लेकर फिरोज़ा को छोड़ देना और वह हिन्दस्तान आना चाहे तो उसे भेज देना। अब वह थैली आती ही होगी। मैं छुटकारा पा जाऊँगी और गुलाम ही रहने पर रोने की कौन-सी बात है? मर जाने की इतनी जल्दी क्यों? तुम देख नहीं रहे हो कि तुर्कों में एक नयी लहर आई है। दुनिया ने उसके लिए जैसे छाती खोल दी है। जो आज गुलाम है; वही कल सुल्तान हो सकता है। फिर रोना किस बात का, जितनी देर हँस सकती हूँ, उस समय को रोने में क्यों बिताऊँ?

तुम्हारा सुखमय जीवन और भी लम्बा हो, फिरोज़ा; किन्तु आज तुमने जो मुझे मरने से रोक दिया, यह अच्छा नहीं किया।

कहती तो हूँ, बेकार न मरो। क्या तुम्हारे मरने के लिए कोई....?

कुछ भी नहीं, फिरोज़ा! हमारी धार्मिक भावनाएँ बटी हुई हैं, सामाजिक जीवन दम्भ से और राजनीतिक क्षेत्र कलह और स्वार्थ से जकड़ा हुआ है। शक्तियाँ हैं, पर उनका कोई केन्द्र नहीं। किस पर अभिमान हो, किसके लिए प्राण दूँ?

दुत्त, चले जाओ हिन्दस्तान में मरने के लिए कुछ खोजो। मिल ही जायगा, जाओ न....कहीं वह तुम्हारी....मिल जाय तो किसी झोपड़ी ही में काट लेना। न सही अमीरी, किसी तरह तो कटेगी। जितने दिन जीने के हों, उन पर भरोसा रखना।

'....'

बलराज! न जाने क्यों मैं तुम्हें मरने देना नहीं चाहती। वह तुम्हारी राह देखती हुई कहीं जी रही हो, तब! आह! कभी उसे देख पाती तो उसका मुँह चूम लेती। कितना प्यार होगा उसके छोटे से हृदय में? लो, ये पाँच दिरम, मुझे कल राजा साहब ने इनाम के दिये हैं। इन्हे लेते जाओ! देखो, उससे जाकर भेंट करना।

फिरोज़ा की आँखों में आँसू भरे थे, तब भी वह जैसे हँस रही थी। सहसा वह पाँच धातु के टुकड़ों को बलराज के हाथ पर रखकर झाड़ियों में घुस गई। बलराज चुपचाप अपने हाथ पर के उन चमकीले टुकड़ों को देख रहा था। हाथ कुछ झुक रहा था। धीरे-धीरे टुकड़े उसके हाथ से खिसक पड़े। वह बैठ गया-सामने एक पुरुष खड़ा हुआ मुस्करा रहा था।

बलराज!

राजा साहब! - जैसे आँख खोलते हुए बलराज ने कहा, और उठकर खड़ा हो गया।

मैं सब सुन रहा था। तुम हिन्दस्तान चले जाओ। मैं भी तुमको यही सलाह दूँगा। किन्तु, एक बात है।

वह क्या राजा साहब?

मैं तुम्हारे दुःख का अनुभव कर रहा हूँ। जो बातें तुमने अभी फिरोज़ा से कहीं हैं, उन्हें सुनकर मेरा हृदय विचलित हो उठा है। किन्तु क्या करूँ? मैंने आकांक्षा का नशा पी लिया है। वही मुझे बेबस किये है। जिस दुःख से मुनष्य छाती फाड़कर चिल्लाने लगता हो, सिर पीटने लगता हो, वैसी प्रतिकूल

परिस्थितियों में भी मैं केवल सिर-नीचा कर चुप रहना अच्छा समझता हूँ। क्या ही अच्छा होता कि जिस सुख में आनन्दातिरेक से मनुष्य उन्मत्त हो जाता है, उसे भी मुस्करा कर टाल दिया करूँ। सो नहीं होता। एक साधारण स्थिति से मैं सुल्तान के सलाहकारों के पद तक तो पहुँच गया हूँ। मैं भी हिन्दुस्तान का ही एक कंगाल था। प्रतिदिन की मर्यादा-वृद्धि, राजकीय विश्वास और उसमें सुख की अनुभूति ने मेरे जीवन को पहेली बनाकर... जाने दो। मैंने सुल्तान के दरबार से जितना सीखा है, वही मेरे लिए बहुत है। एक बनावटी गम्भीरता! छल-पूर्ण विनय! ओह, कितना भीषण है, यह विचार! मैं धीरे-धीरे इतना बन गया हूँ कि मेरी सहृदयता घूँघट उलटने नहीं पाती। लोगों को मेरी छाती में हृदय होने का सन्देह हो चला है। फिर मैं तुमसे अपनी सहृदयता क्यों प्रकट करूँ? तब भी आज तुमने मेरे स्वभाव की धारा का बाँध तोड़ दिया है। आज मैं....।

बस राजा साहब, और कुछ न कहिए। मैं जाता हूँ। मैं समझ गया कि......

ठहरो, मुझे अधिक अवकाश नहीं है। कल यहाँ से कुछ विद्रोही गुलाम, अहमद नियाल्तगीन के पास लाहौर जानेवाले हैं, उन्हीं के साथ तुम चले जाओ। यह लो-कहते हुए सुल्तान के विश्वासी राजा तिलक ने बलराज के हाथों में थैली रख दी। बलराज वहाँ से चुपचाप चल पड़ा।

तिलक सुल्तान महमूद का अत्यन्त विश्वासपात्र हिन्द कर्मचारी था। अपने बुद्धि-बल से कट्टर यवनों के बीच में अपनी प्रतिष्ठा दृढ़ रखने के कारण सुल्तान मसऊद के शासन-काल में भी वह उपेक्षा का पात्र नहीं था। फिर भी वह अपने को हिन्द ही समझता था, चाहे अन्य लोग उसे कुछ समझते रहे हों। बलराज की बातें वह सुन चुका था। आज उसकी मनोवृत्तियों में भयानक हलचल थी। सहसा उसने पुकारा-फिरोज़ा!

झाड़ियों से निकलकर फिरोज़ा ने उसके सामने सिर झुका दिया। तिलक ने उसके सिर पर हाथ रखते हुए कोमल स्वर में पूछा-फिरोज़ा, तुम अहमद के पास हिन्दुस्तान जाना चाहती हो?

फिरोज़ा के हृदय में कम्पन होने लगा। वह कुछ न बोली। तिलक ने कहा-डरो मत, साफ-साफ कहो।

क्या अहमद ने आपके पास दीनारें भेज दीं-कहकर फिरोज़ा ने अपनी उत्कण्ठा-भरी आँखे उठाईं। तिलक ने हँसकर कहा-सो तो उसने नहीं भेजीं, तब भी तुम जाना चाहती हो, तो मुझसे कहो।

मैं क्या कह सकती हूँ? जैसी मेरी...।-कहते-कहते उसकी आँखों में आँसू छलछला उठे। तिलक ने कहा-फिरोज़ा, तुम जा सकती हो। कुछ सोने के टुकड़ों के लिए मैं तुम्हारा हृदय नहीं कुचलना चाहता।

सच! - आश्चर्य-भरी कृतज्ञता उसकी वाणी में थी।

सच फिरोज़ा! अहमद मेरा मित्र है, और भी एक काम के लिए तुमको भेज रहा हूँ। उसे जाकर समझाओ कि वह अपनी सेना लेकर पंजाब के बाहर इधर-उधर हिन्दुस्तान में लूट-पाट न किया करे। मैं कुछ दिनों में सुल्तान से कहकर ख़ज़ाने और मालगुजारी का अधिकार भी उसी को दिला दूँगा। थोड़ा समझकर धीरे-धीरे काम करने से सब हो जायगा। समझी न, दरबार में इस पर गर्मागर्मी है कि अहमद की नियत ख़राब है। कहीं ऐसा न हो कि मुझी को सुल्तान इस काम के लिए भेजें।

फिरोज़ा, मैं हिन्दुस्तान नहीं जाना चाहता। मेरी एक छोटी बहन थी, वह वहाँ है? क्या दुःख उसने पाया? मरी या जीती है, इन कई बरसों से मैंने इसे जानने की चेष्टा भी नहीं की। और भी.... मैं हिन्द हूँ, फिरोज़ा! आज तक अपनी आकांक्षा में भूला हुआ, अपने आराम में मस्त, अपनी उन्नति में विस्मृत, गजनी में बैठा हिन्दुस्तान को, अपनी जन्मभूमि को और उसके दुःख-दर्द को भूल गया हूँ। सुल्तान महमूद के लूटों की गिनती करना, उस रक्त-रंजित धन की तालिका बनाना, हिन्दुस्तान के ही शोषण के लिए सुल्तान को नयी-नयी तरकीबें बताना, यही तो मेरा काम था, जिससे आज मेरी इतनी प्रतिष्ठा

है। दूर रह कर मैं सब कुछ कर सकता था; पर हिन्दस्तान कहीं मुझे जाना पड़ा-उसकी गोद में फिर रहना पड़ा-तो मैं क्या करूँगा! फ़िरोज़ा, मैं वहाँ जाकर पागल हो जाऊँगा। मैं चिर-निर्वासित, विस्मृत अपराधी! इरावती मेरी बहन! आह, मैं उसे क्या मुँह दिखलाऊँगा। वह कितने कष्टों में जीती होगी! और मर गई हो तो... फ़िरोज़ा! अहमद से कहना, मेरी मित्रता के नाते मुझे इस दुःख से बचा ले।

मैं जाऊँगी और इरावती को खोज निकालूँगी-राजा साहब! आपके हृदय में इतनी टीस है, आज तक मैं न जानती थी। मुझे यही मालूम था कि अनेक अन्य तुर्क सरदारों के समान आप भी रंग-रलियों में समय बिता रहे हैं, किन्तु बरफ से ढकी हुई चोटियों के नीचे भी ज्वालामुखी होता है।

तो जाओ फ़िरोज़ा! मुझे बचाने के लिए, उस भयानक आग से, जिससे मेरा हृदय जल उठता है, मेरी रक्षा करो!-कहते हुए राजा तिलक उसी जगह बैठ गये। फ़िरोज़ा खड़ी थी। धीरे-धीरे राजा के मुख पर एक स्निग्धता आ चली। अब अन्धकार हो चला। गजनी के लहरों पर से शीतल पवन उन झाड़ियों में भरने लगा था। सामने ही राजा साहब का महल था। उसका शुभ्र गुम्बद उस अन्धकार में अभी अपनी उज्ज्वलता से सिर ऊँचा किये था। तिलक ने कहा-फ़िरोज़ा, जाने के पहले अपना वह गाना सुनाती जाओ।

फ़िरोज़ा गाने लगी। उसके गीत की ध्वनि थी-मैं जलती हुई दीपशिखा हूँ और तुम हृदय-रञ्जन प्रभात हो! जब तक देखती नहीं, जला करती हूँ और जब तुम्हे देख लेती हूँ, तभी मेरे अस्तित्व का अन्त हो जाता है-मेरे प्रियतम! सन्ध्या की अँधेरी झाड़ियों में गीत की गुञ्जार घूमने लगी।

यदि एक बार उसे फिर देख पाता; पर यह होने का नहीं। निष्ठर नियति! उसकी पवित्रता पंकिल हो गई होगी। उसकी उज्ज्वलता पर संसार के काले हाथों ने अपनी छाप लगा दी होगी। तब उससे भेंट करके क्या करूँगा? क्या करूँगा? अपने कल्पना के स्वर्ण-मन्दिर का खण्डहर देख कर! -कहते-कहते बलराज ने अपने बलिष्ठ पंजों को पत्थरों से जकड़े हुए मन्दिर के प्राचीर पर दे मारा। वह शब्द एक क्षण में विलीन हो गया। युवक ने आरक्त आँखों से उस विशाल मन्दिर को देखा और वह पागल-सा उठ खड़ा हुआ। परिक्रमा के ऊँचे-ऊँचे खम्भों से धक्के खाता हुआ घूमने लगा।

गर्भ-गृह के द्वारपालों पर उसकी दृष्टि पड़ी। वे तेल से चुपड़े हुए काले-काले दूत अपने भीषण त्रिशूल से जैसे युवक की ओर संकेत कर रहे थे। वह ठिठक गया। सामने देवगृह के समीप घृत का अखण्ड-दीप जल रहा था। केशर, कस्तूरी और अगरु से मिश्रित फूलों की दिव्य सुगन्ध की झकोर रह-रहकर भीतर से आ रही थी। विद्रोही हृदय प्रणत होना नहीं चाहता था, परन्तु सिर सम्मान से झुक ही गया।

देव! मैंने अपने जीवन में जान-बूझ कर कोई पाप नहीं किया है। मैं किसके लिए क्षमा माँगूं? गजनी के सुल्तान की नौकरी, वह मेरे वश की नहीं; किन्तु मैं माँगता हूँ.....एक बार उस, अपनी प्रेम-प्रतिमा का दर्शन! कृपा करो। मुझे बचा लो।

प्रार्थना करके युवक ने सिर उठाया ही था कि उसे किसी को अपने पास से खिसकने का सन्देह हुआ। वह घूम कर देखने लगा। एक स्त्री कौशेय वसन पहने हाथ में फूलों से सजी डाली लिए चली जा रही थी। युवक पीछे-पीछे चला। परिक्रमा में एक स्थान पर पहुँच कर उसने सन्दिग्ध स्वर से पुकारा-इरावती! वह स्त्री घूम कर खड़ी हो गई। बलराज अपने दोनों हाथ पसारकर उसे आलिङ्गन करने के लिए दौड़ा। इरावती ने कहा-ठहरो। बलराज ठिठक कर उसकी गम्भीर मुखाकृति को देखने लगा। उसने पूछा-क्यों इरा! क्या तुम मेरी वाग्दत्ता पत्नी नहीं हो? क्या हम लोगों का वह्निवेदी के सामने परिणय नहीं होने होने वाला था? क्या...?

हाँ, होने वाला था किन्तु हुआ नहीं, और बलराज! तुम मेरी रक्षा नहीं कर सके। मैं आततायी के हाथ से कलंकित की गयी। फिर तुम मुझे पत्नी-रूप में कैसे ग्रहण करोगे? तुम वीर हो! पुरुष हो! तुम्हारे पुरुषार्थ के लिए बहुत-सी महत्वाकांक्षाएँ हैं। उन्हें खोज लो, मुझे भगवान् की शरण में छोड़

दो। मेरा जीवन, अनुताप की ज्वाला से झुलसा हुआ मेरा मन, अब स्नेह के योग्य नहीं।

प्रेम की, पवित्रता की, परिभाषा अलग है इरा! मैं तुमको प्यार करता हूँ। तुम्हारी पवित्रता से मेरे मन का अधिक सम्बन्ध नहीं भी हो सकता है। चलो, हम.... और कुछ भी हो, मेरे प्रेम की वह्नि तुम्हारी पवित्रता को अधिक उज्ज्वल कर देगी।

भाग चलूँ क्यों? सो नहीं हो सकता। मैं क्रीत दासी हूँ। म्लेच्छों ने मुझे मुलतान की लूट में पकड़ लिया। मैं उनकी कठोरता में जीवित रहकर बराबर उनका विरोध ही करती रही। नित्य कोड़े लगते। बाँध कर मैं लटकाई जाती। फिर भी मैं अपने हठ से न डिगी। एक दिन कन्नौज के चतुष्पथ पर घोड़ों के साथ ही बेचने के लिए उन आततायियों ने मुझे भी खड़ा किया। मैं बिकी पाँच सौ दिरम पर, काशी के ही एक महाजन ने मुझे दासी बना लिया। बलराज! तुमने न सुना होगा, कि मैं किन नियमों के साथ बिकी हूँ। मैंने लिखकर स्वीकार किया है, इस घर कुत्सित से भी कुत्सित कर्म करूँगी और कभी विद्रोह न करूँगी,-न कभी भागने की चेष्टा करूँगी; न किसी के कहने से अपने स्वामी का अहित सोचूँगी। यदि मैं आत्महत्या भी कर डालूँ तो मेरे स्वामी या उनके कुटुम्ब पर कोई दोष न लगा सकेगा! वे गंगा-स्नान किये-से पवित्र हैं। मेरे सम्बन्ध में वे सदा ही शुद्ध और निष्पाप हैं। मेरे शरीर पर उनका आजीवन अधिकार रहेगा। वे मेरे नियम-विरुद्ध आचरण पर जब चाहें राजपथ पर मेरे बालों को पकड़ कर मुझे घसीट सकते हैं। मुझे दण्ड दे सकते हैं। मैं तो मर चुकी हूँ। मेरा शरीर पाँच सौ दिरम पर जी कर जब तक सहेगा, खटेगा। वे चाहें तो मुझे कौड़ी के मोल भी किसी दूसरे के हाथ बेच सकते हैं। समझे! सिर पर तृण रखकर मैंने स्वयं अपने को बेचने में स्वीकृति दी है। उस सत्य को कैसे तोड़ दूँ?

बलराज ने लाल होकर कहा-इरावती, यह असत्य है, सत्य नहीं। पशुओं के समान मनुष्य भी बिक सकते हैं? मैं यह सोच भी नहीं सकता। यह पाखण्ड तुर्की घोड़ों के व्यापारियों ने फैलाया है। तुमने अनजान में जो प्रतिज्ञा कर ली है, वह ऐसा सत्य नहीं कि पालन किया जाये। तुम नहीं जानती हो कि तुमको खोजने के लिए ही मैंने यवनों की सेवा की।

क्षमा करो बलराज, मैं तुम्हारा तर्क नहीं समझ सकी। मेरी स्वामिनी का रथ दूर चला गया होगा, तो मुझे बातें सुननी पड़ेंगीं क्योंकि आज-कल मेरे स्वामी नगर से दूर स्वास्थ्य के लिए उपवन में रहते हैं। स्वामिनी देव-दर्शन के लिए आई थीं।

तब मेरा इतना परिश्रम व्यर्थ हुआ! फिरोज़ा ने व्यर्थ ही आशा दी थी। मैं इतने दिनों भटकता फिरा। इरावती! मुझ पर दया करो।

फिरोज़ा कौन?-फिर सहसा रुककर इरावती ने कहा-क्या करूँ! यदि मैं वैसा करती, तो मुझे इस जीवन की सबसे बड़ी प्रसन्नता मिलती; किन्तु वह मेरे भाग्य में है कि नहीं, इसे भगवान् ही जानते होंगे? मुझे अब जाने दो।-बलराज इस उत्तर से खिन्न और चकराया हुआ काठ के किवाड़ की तरह इरावती के सामने से अलग होकर मन्दिर के प्राचीर से लग गया। इरावती चली गई। बलराज कुछ समय तक स्तब्ध और शून्य-सा वहीं खड़ा रहा। फिर सहसा जिस ओर इरावती गई थी, उसी ओर चल पड़ा।

युवक बलराज कई दिन तक पागलों-सा धनदत्त के उपवन से नगर तक चक्कर लगाता रहा। भूख-प्यास भूलकर वह इरावती को एक बार फिर देखने के लिए विकल था; किन्तु वह सफल न हो सका। आज उसने निश्चय किया था कि वह काशी छोड़कर चला जायगा। वह जीवन से हताश होकर काशी से प्रतिष्ठान जानेवाले पथ पर चलने लगा। उसकी पहाड़ के ढोके-सी काया, जिसमें असुर-सा बल होने का लोग अनुमान करते, निर्जीव-सी हो रही थी। अनाहार से उसका मुख विवर्ण था। यह सोच रहा था-उस दिन, विश्वनाथ के मन्दिर में न जाकर मैंने आत्महत्या क्यों न कर ली! वह अपनी उधेड़-बुन में चल रहा था। न जाने कब तक चलता रहा। वह चौंक उठा-जब किसी के डाँटने का शब्द

सुनाई पड़ा-देख कर नहीं चलता! बलराज ने चौंककर देखा, अश्वारोहियों की लम्बी पंक्ति, जिसमें अधिकतर अपने घोड़ों को पकड़े हुए पैदल ही चल रहे थे। वे सब तुर्क थे। घोड़ों के व्यापारी-से जान पड़ते थे। गजनी के प्रसिद्ध महमूद के आक्रमणों का अन्त हो चुका था। मसऊद सिंहासन पर था। पंजाब तो गजनी के सेनापति नियाल्तगीन के शासन में था। मध्य-प्रदेश में भी तुर्क व्यापारी अधिकतर व्यापारिक प्रभुत्व स्थापित करने के लिए प्रयत्न कर रहे थे। वह राह छोड़ कर हट गया। अश्वारोही ने पूछा-बनारस कितनी दूर होगा? बलराज ने कहा-मुझे नहीं मालूम।

तुम अभी उधर से चले आ रहे हो और कहते हो, नहीं मालूम! ठीक-ठीक बताओ, नहीं तो ....।

नहीं तो क्या? मैं तुम्हारा नौकर हूँ।-कहकर वह आगे बढ़ने लगा। अकस्मात् पहले अश्वारोही ने कहा-पकड़ लो इसको!

कौन! नियाल्तगीन! - सहसा बलराज चिल्ला उठा।

अच्छा, यह तुम्हीं हो बलराज! यह तुम्हारा क्या हाल है, क्या सुल्तान की सरकार में अब तुम काम नहीं करते हो?

नहीं, सुल्तान मसऊद का मुझ पर विश्वास नहीं है। मैं ऐसा काम नहीं करता, जिसमें सन्देह मेरी परीक्षा लेता रहे; किन्तु इधर तुम लोग क्यों?

सुना है, बनारस एक सुन्दर और धनी नगर है। और....।

और क्या?

कुछ नहीं, देखने चला आया हूँ। क़ाज़ीनहीं चाहता कि कन्नौज के पूरब भी कुछ हाथ-पाँव बढ़ाया जाय। तुम चलो न मेरे साथ। मैं तुम्हारी तलवार की कीमत जानता हूँ। बहादुर लोग इस तरह नहीं रह सकते। तुम अभी तक हिन्द बने हो। पुरानी लकीर पीटने वाले, जगह-जगह झुकने वाले, सबसे दबते हुए, बनते हुए, कतराकर चलने वाले हिन्द! क्यों? तुम्हारे पास बहुत-सा कूड़ा-कचड़ा इकट्ठा हो गया है, उनका पुरानेपन का लोभ तुमको फेंकने नहीं देता? मन में नयापन तथा दुनिया का उल्लास नहीं आने पाता! इतने दिन हम लोगों के साथ रहे, फिर भी....।

बलराज सोच रहा था, इरावती का वह सूखा व्यवहार। सीधा-सीधा उत्तर! क्रोध से वह अपना ओठ चबाने लगा। नियाल्तगीन बलराज को परख रहा था! उसने कहा-तुम कहाँ हो? बात क्या है? ऐसा बुझा हुआ मन क्यों?

बलराज ने प्रकृतिस्थ होकर कहा-कहीं तो नहीं। अब मुझे छुट्टी दो, मैं जाऊँ। तुम्हारा बनारस देखने का मन है-इस पर तो मुझे विश्वास नहीं होता, तो भी मुझे इससे क्या? जो चाहो करो। संसार भर में किसी पर दया करने की आवश्यकता नहीं-लूटो, काटो, मारो। जाओ, नियाल्तगीन।

नियाल्तगीन ने हँसकर कर कहा-पागल तो नहीं हो। इन थोड़े-से आदमियों से भला क्या हो सकता है। मैं तो एक बहाने से इधर आया हूँ। फिरोज़ा का बनारसी जरी के कपड़ों का....

क्या फिरोज़ा भी तुम्हारे साथ है?

चलो, पड़ाव पर सब आप ही मालूम हो जायगा!-कहकर नियाल्तगीन ने संकेत किया। बलराज के मन में न-जाने कैसी प्रसन्नता उमड़ी। वह एक तुर्की घोड़े पर सवार हो गया।

दोनों ओर जवाहारात, जरी कपड़ों, बर्तन तथा सुगन्धित द्रव्यों की सजी हुई दूकानों से; देश-विदेश के व्यापारियों की भीड़ और बीच-बीच में घोड़े के रथों से, बनारस की पत्थर से बनी हुई चौड़ी गलियाँ अपने ढंग की निराली दिखती थीं। प्राचीरों से घिरा हुआ नगर का प्रधान भाग त्रिलोचन से लेकर राजघाट तक विस्तृत था। तोरणों पर गांगेय देव के सैनिकों का जमाव था। कन्नौज के प्रतिहार सम्राट् से काशी छीन ली गई थी। त्रिपुरी उस पर शासन करती थी। ध्यान से देखने पर यह तो प्रकट

हो जाता था कि नागरिकों में अव्यवस्था थी। फिर भी ऊपरी काम-काज, क्रय-विक्रय, यात्रियों का आवागमन चल रहा था।

फिरोज़ा कमख़्वाब देख रही थी और नियाल्तगीन मणि-मुक्ताओं की ढेरी से अपने लिए अच्छे-अच्छे नग चुन रहा था। पास ही दोनों दूकानें थीं! बलराज बीच में खड़ा था। अन्यमनस्क फिरोज़ा ने कई थान छाँट लिये थे। उसने कहा-बलराज! देखो तो, इन्हें तुम कैसा समझते हो, हैं न अच्छे? उधर से नियाल्तगीन ने पूछा-कपड़े देख चुकी हो, तो इधर आओ। इन्हे भी देख न लो! फिरोज़ा उधर जाने लगी थी कि दुकानदार ने कहा-लेना न देना, झूठ-मूठ तंग करना। कभी देखा तो नहीं। कंगालों की तरह जैसे आँखों से देख कर ही खा जायगी। फिरोज़ा घूम कर खड़ी हो गई। उसने पूछा-क्या बकते हो?-जा-जा तुर्किस्तान के जंगलों में भेड़ चरा। इन कपड़ों का लेना तेरा काम नहीं-सटी हुई दूकानों से जौहरी अभी कुछ बोलना ही चाहता था कि बलराज ने कहा- चुप रह, नहीं तो जीभ खींच लूँगा।

ओहो! तुर्की ग़ुलाम का दास, तू भी ....। अभी इतना ही कपड़े वाले के मुँह से निकला था कि नियाल्तगीन की तलवार उसके गले तक पहुँच गई। बाज़ार में हलचल मची। नियाल्तगीन के साथी इधर-उधर बिखरे ही थे। कुछ तो वहीं आ गये। औरों को समाचार मिल गया। झगड़ा बढ़ने लगा, नियाल्तगीन को कुछ लोगों ने घेर लिया था; किन्तु तुर्कों ने उसे छीन लेना चाहा। राजकीय सैनिक पहुँच गये। नियाल्तगीन को यह मालूम हो गया कि पड़ाव पर समाचार पहुँच गया है। उसने निर्भीकता से अपनी तलवार घुमाते हुए कहा-अच्छा होता कि झगड़ा यहीं तक रहता, नहीं तो हम लोग तुर्क हैं।

तुर्कों का आतंक उत्तरी भारत में फैल चुका था। क्षण भर के लिए सन्नाटा तो हुआ, परन्तु वणिक के प्रतिरोध के लिए नागरिकों का रोष उबल रहा था। राजकीय सैनिकों का सहयोग मिलते ही युद्ध आरम्भ हो गया, अब और भी तुर्क आ पहुँचे थे। नियाल्तगीन हँसने लगा। उसने तुर्की में संकेत किया। बनारस का राजपथ तुर्कों की तलवार से पहली बार आलोकित हो उठा।

नियाल्तगीन के साथी संघटित हो गये थे। वे केवल युद्ध और आत्मरक्षा ही नहीं कर रहे थे, बहुमूल्य पदार्थों की लूट भी करने लगे। बलराज स्तब्ध था। वह जैसे एक स्वप्न देख रहा था। अकस्मात् उसके कानों में एक परिचित स्वर सुनाई पड़ा। उसने घूम कर देखा-जौहरी के गले पर तलवार पड़ा ही चाहती है और इरावती 'इन्हें छोड़ दो, न मारो' कहती हुई तलवार के सामने आ गई थी। बलराज ने कहा-ठहरो, नियाल्तगीन। दूसरे ही क्षण नियाल्तगीन की कलाई बलराज की मुट्ठी में थी। नियाल्तगीन ने कहा-धोखबाज़ काफ़िर, यह क्या?-कई तुर्क पास आ गये थे! फिरोज़ा का भी मुख तमतमा गया था। बलराज ने सबल होने पर भी बड़ी दीनता से कहा-फिरोज़ा, यही इरावती है। फिरोज़ा हँसने लगी। इरावती को पकड़ कर उसने कहा-नियाल्तगीन! बलराज को इसके साथ लेकर मैं चलती हूँ, तुम आना। और इस जौहरी से तुम्हारा नुकसान न हो, तो न मारो! देखो, बहुत से घुड़सवार आ रहे हैं। हम सबों का चलना ही अच्छा है।

नियाल्तगीन ने परिस्थिति एक क्षण में ही समझ ली। उसने जौहरी से पूछा-तुम्हारे घर में दूसरी ओर से बाहर जाया जा सकता है?

हाँ!-कँपे कण्ठ से उत्तर मिला।

अच्छा चलो, तुम्हारी जान बच रही है। मैं इरावती को ले जाता हूँ।-

कह कर नियाल्तगीन ने एक तुर्क के कान में कुछ कहा! और बलराज को आगे चलने का संकेत करके इरावती और फिरोज़ा के पीछे धनदत्त के घर में घुसा। इधर तुर्क एकत्र होकर प्रत्यावर्तन कर रहे थे। नगर की राजकीय सेना पास आ रही थी।

चन्द्रभागा के तट पर शिविरों की एक श्रेणी थी। उसके समीप ही घने वृक्षों के झुरमुट में इरावती और फिरोज़ा बैठी हुई सायंकालीन गम्भीरता की छाया में एक-दूसरे का मुँह देख रही हैं। फिरोज़ा ने कहा-

बलराज को तुम प्यार करती हो?

मैं नहीं जानती। - एक आकस्मिक उत्तर मिला!

और वह तो तुम्हारे लिए गजनी से हिन्दुस्तान चला आया।

तो क्यों आने दिया, वहीं रोक रखती।

तुमको क्या हो गया है?

मैं-मैं नहीं रही; मैं हूँ दासी; कुछ धातु के टुकड़ों पर बिकी हुई हाड़-मांस का समूह, जिसके भीतर एक सूखा हृदय-पिण्ड है।

इरा! वह मर जायगा-पागल हो जायगा।

और मैं क्या हो जाऊँ, फिरोज़ा?

अच्छा होता, तुम भी मर जाती! - तीखेपन से फिरोज़ा ने कहा।

इरावती चौंक उठी। उसने कहा-बलराज ने वह भी न होने दिया। उस दिन नियाल्तगीन की तलवार ने यही कर दिया होता; किन्तु मनुष्य बड़ा स्वार्थी है। अपने सुख की आशा में वह कितनों को दुखी बनाया करता है। अपनी साध पूरी करने में दूसरों की आवश्यकता ठुकरा दी जाती है। तुम ठीक कह रही हो फिरोज़ा, मुझे...

ठहरो, इरा! तुमने मन को कड़वा बनाकर मेरी बात सुनी है। उतनी ही तेजी से उसे बाहर कर देना चाहती हो।

मेरे दुखी होने पर जो मेरे साथ रोने आता है, उसे मैं अपना मित्र नहीं जान सकती, फिरोज़ा। मैं तो देखूँगी कि वह मेरे दुःख को कितना कम कर सका है। मुझे दुःख सहने के लिए जो छोड़ जाता है, केवल अपने अभिमान और आकांक्षा की तुष्टि के लिए। मेरे दुःख में हाथ बटाने का जिसका साहस नहीं, जो मेरी परिस्थिति में साथी नहीं बन सकता, जो पहले अमीर बनना चाहता है, फिर अपने प्रेम का दान करना चाहता है, वह मुझसे हृदय माँगे, इससे बढ़ कर धृष्टता और क्या होगी?

मैं तुम्हारी बहुत-सी बातें समझ नहीं सकी, लेकिन मैं इतना तो कहूँगी कि दुःखों ने तुम्हारे जीवन की कोमलता छीन ली है।

फिरोज़ा....मैं तुमसे बहस नहीं करना चाहती। तुमने मेरा प्राण बचाया है सही, किन्तु हृदय नहीं बचा सकती। उसे अपनी खोज-खबर आप ही लेनी पड़ेगी। तुम चाहे जो मुझे कह लो। मैं तो समझती हूँ कि मनुष्य दूसरों की दृष्टि में कभी पूर्ण नहीं हो सकता! पर उसे अपनी आँखों से तो नहीं ही गिरना चाहिए।

फिरोज़ा ने सन्देह से पीछे की ओर देखा। बलराज वृक्ष की आड़ से निकल आया। उसने कहा-फिरोज़ा, मैं जब गजनी के किनारे मरना चाहता था, तो क्या भूल कर रहा था? अच्छा, जाता हूँ।

इरावती सोच रही थी, अब भी कुछ बोलूँ- फिरोज़ा सोच रही थी, दोनों को मरने से बचा कर क्या सचमुच मैंने कोई बुरा काम किया?

बलराज की ओर किसी ने न देखा। वह चला गया।

रावी के किनारे एक सुन्दर महल में अहमद नियाल्तगीन पंजाब के सेनानी का आवास है। उस महल के चारों ओर वृक्षों की दूर तक फैली हुई हरियाली है, जिसमें शिविरों की श्रेणी में तुर्क सैनिकों का निवास है।

वसन्त की चाँदनी रात अपनी मतवाली उज्ज्वलता में महल के मीनारों और गुम्बदों तथा वृक्षों की छाया में लडख़ड़ा रही है, अब जैसे सोना चाहती हो। चन्द्रमा पश्चिम में धीरे-धीरे झुक रहा था। रावी

की ओर एक संगमरमर की दालान में ख़ाली सेज बिछी थी। जरी के परदे ऊपर की ओर बँधे थे। दालान की सीढ़ी पर बैठी हुई इरावती रावी का प्रवाह देखते-देखते सोने लगी थी-उस महल की जैसे सजावट गुलाबी पत्थर की अचल प्रतिमा हो।

शयन-कक्ष की सेवा का भार आज उसी पर था। वह अहमद के आगमन की प्रतीक्षा करते-करते सो गई थी। अहमद इन दिनों गजनी से मिले हुए समाचार के कारण अधिक व्यस्त था। सुल्तान के रोष का समाचार उसे मिल चुका था। वह फिरोज़ा से छिपाकर, अपने अन्तरंग साथियों से, जिन पर उसे विश्वास था, निस्तब्ध रात्रि में मन्त्रणा किया करता। पंजाब का स्वतन्त्र शासक बनने की अभिलाषा उसके मन में जग गई थी, फिरोज़ा ने उसे मना किया था, किन्तु एक साधारण तुर्क दासी के विचार राजकीय कामों में कितने मूल्य के हैं, इसे वह अपनी महत्वाकांक्षा की दृष्टि से परखता था। फिरोज़ा कुछ तो रूठी थी और कुछ उसकी तबियत भी अच्छी न थी। वह बन्द कमरे में जाकर सो रही। अनेक दासियों के रहते भी आज इरावती को ही वहाँ ठहरने के लिए उसने कह दिया था। अहमद सीढ़ियों से चढ़कर दालान के पास आया। उसने देखा एक वेदना-विमण्डित सुप्त सौन्दर्य! वह और भी समीप आया। गुम्बद के बगल चन्द्रमा की किरणें ठीक इरावती के मुख पर पड़ रही थीं। अहमद ने वारुणीविलसित नेत्रों से देखा, उस रूपमाधुरी को, जिसमें स्वाभाविकता थी, बनावट नहीं। तरावट थी, प्रमाद की गर्मी नहीं। एक बार सशंक दृष्टि से उसने चारों ओर देखा, फिर इरावती का हाथ पकड़कर हिलाया। वह चौंक उठी। उसने देखा-सामने अहमद! इरावती खड़ी होकर अपने वस्त्र सँभालने लगी। अहमद ने संकोच भरी ढिठाई से कहा- तुम यहाँ क्यों सो रही हो, इरा?

थक गयी थी। कहिए, क्या लाऊँ?

थोड़ी शीराजी-कहते हुए वह पलँग पर जाकर बैठ गया और इरावती का स्फटिक-पात्र में शीराजी उँड़ेलना देखने लगा। इरा ने जब पात्र भरकर अहमद को दिया, तो अहमद ने सतृष्ण नेत्रों से उसकी ओर देख कर पूछा-फिरोज़ा कहाँ है?

सिर में दर्द है, भीतर सो रही है।

अहमद की आँखों में पशुता नाच उठी। शरीर में एक सनसनी का अनुभव करते हुए उसने इरावती का हाथ पकड़ कहा- बैठो न, इरा! तुम थक गई हो।

आप शर्बत लीजिये। मैं जाकर फिरोज़ा को जगा दूँ।

फिरोज़ा! फिरोज़ा के हाथ मैं बिक गया हूँ क्या, इरावती! तुम-आह!

इरावती हाथ छुड़ाकर हटनेवाली ही थी कि सामने फिरोज़ा खड़ी थी! उसकी आँखों में तीव्र ज्वाला थी। उसने कहा-मैं बिकी हूँ, अहमद! तुम भला मेरे हाथ क्यों बिकने लगे? लेकिन तुमको मालूम है कि तुमने अभी राजतिलक को मेरा दाम नहीं चुकाया; इसलिए मैं जाती हूँ।

अहमद हत-बुद्धि! निष्प्रभ! और फिरोज़ा चली। इरावती ने गिड़गिड़ा कर कहा-बहन, मुझे भी न लेती चलोगी....?

फिरोज़ा ने घूमकर एक बार स्थिर दृष्टि से इरावती की ओर देखा और कहा-तो फिर चलो।

दोनों हाथ पकड़े सीढ़ी से उतर गईं।

बहुत दिनों तक विदेश में इधर-उधर भटकने पर बलराज जब से लौट आया है, तब से चन्द्रभागा-तट के जाटों में एक नयी लहर आ गई है। बलराज ने अपने सजातीय लोगों को पराधीनता से मुक्त होने का सन्देश सुनाकर उन्हें सुल्तान-सरकार का अबाध्य बना दिया है। उद्दंड जाटों को अपने वश में रखना, उन पर सदा फ़ौजी शासन करना, सुल्तान के कर्मचारियों के लिए भी बड़ा कठिन हो रहा था।

इधर फिरोज़ा के जाते ही अहमद अपनी कोमल वृत्तियों को भी खो बैठा। एक ओर उसके पास मसऊद के रोष के समाचार आते थे, दूसरी ओर वह जाटों की हलचल से ख़ज़ाना भी नहीं भेज सकता था। वह झुँझला गया। दिखावे में तो अहमद ने जाटों को एक बार ही नष्ट करने का निश्चय कर लिया, और अपनी दृढ़ सेना के साथ वह जाटों को घेरे में डालते हुए बढ़ने लगा; किन्तु उसके हृदय में एक दूसरी ही बात थी। उसे मालूम हो गया था कि गजनी की सेना तिलक के साथ आ रही है; उसकी कल्पना का साम्राज्य छिन्न-भिन्न कर देने के लिए! उसने अन्तिम प्रयत्न करने का निश्चय किया। अन्तरंग साथियों की सम्मति हुई कि यदि विद्रोही जाटों को इस समय मिला लिया जाय, तो गजनी से पंजाब आज ही अलग हो सकता है। इस चढ़ाई में दोनों मतलब थे।

घने जंगल का आरम्भ था। वृक्षों के हरे अञ्चल की छाया में थकी हुई दो युवतियाँ उनकी जड़ों पर सिर धरे हुए लेटी थीं। पथरीले टीलों पर पड़ती हुई घोड़ों की टापों के शब्द ने उन्हें चौंका दिया। वे अभी उठकर बैठ भी नहीं पाई थीं कि उनके सामने अश्वारोहियों का एक झुण्ड आ गया। भयानक भालों की नोक सीधे किये हुए स्वास्थ्य के तरुण तेज से उद्दीप्त जाट-युवकों का वह वीर दल था। स्त्रियों को देखते ही उनके सरदार ने कहा-माँ, तुम लोग कहाँ जाओगी?

अब फिरोज़ा और इरावती सामने खड़ी हो गयीं। सरदार ने घोड़े पर से उतरते हुए पूछा-फिरोज़ा, यह तुम हो बहन!

हाँ भाई, बलराज! मैं हूँ - और यह है इरावती! पूरी बात जैसे न सुनते हुए बलराज ने कहा-फिरोज़ा, अहमद से युद्ध होगा। इस जंगल को पार कर लेने पर तुर्क सेना जाटों का नाश कर देगी, इसलिए यहीं उन्हें रोकना होगा। तुम लोग इस समय कहाँ जाओगी?

जहाँ कहो, बलराज। अहमद की छाया से तो मुझे भी बचना है। फिरोज़ा ने अधीर होकर कहा।

डरो मत फिरोज़ा, यह हिन्दुस्तान है, और यह हम हिन्दुओं का धर्म-युद्ध है। गुलाम बनने का भय नहीं।-बलराज अभी यह कह ही रहा था कि वह चौंककर पीछे देखता हुआ बोल उठा-अच्छा, वे लोग आ ही गये। समय नहीं है। बलराज दूसरे ही क्षण में अपने घोड़े की पीठ पर था। अहमद की सेना सामने आ गई। बलराज को देखते ही उसने चिल्लाकर कहा-बलराज! यह तुम्हीं हो।

हाँ, अहमद।

तो हमलोग दोस्त भी बन सकते हैं। अभी समय है-कहते-कहते सहसा उसकी दृष्टि फिरोज़ा और इरावती पर पड़ी। उसने समस्त व्यवस्था भूलकर, तुरन्त ललकारा-पकड़ लो इन औरतों को?- उसी समय बलराज का भाला हिल उठा। युद्ध आरम्भ था।

जाटों की विजय के साथ युद्ध का अन्त होने ही वाला था कि एक नया परिवर्तन हुआ। दूसरी ओर से तुर्क-सेना जाटों की पीठ पर थी। घायल बलराज का भीषण भाला अहमद की छाती में पार हो रहा था। निराश जाटों की रण-प्रतिज्ञा अपनी पूर्ति करा रही थी। मरते हुए अहमद ने देखा कि गजनी की सेना के साथ तिलक सामने खड़े थे। सबके अस्त्र तो रुक गये, परन्तु अहमद के प्राण न रुके। फिरोज़ा उसके शव पर झुकी हुई रो रही थी। और इरावती मूर्च्छित हो रहे बलराज का सिर अपनी गोद में लिये थी। तिलक ने विस्मित होकर यह दृश्य देखा।

बलराज ने जल का संकेत किया। इरावती के हाथों में तिलक ने जल का पात्र दिया। जल पीते ही बलराज ने आँखे खोलकर कहा-इरावती, अब मैं न मरूँगा?

तिलक ने आश्चर्य से पूछा-इरावती?

फिरोज़ा ने रोते हुए कहा-हाँ राजा साहब, इरावती।

मेरी दुखिया इरावती? मुझे क्षमा कर, मैं तुझे भूल गया था। तिलक ने विनीत शब्दों में कहा।

भाई! - इरावती आगे कुछ न कह सकी, उसका गला भर आया था। उसने तिलक के पैर पकड़ लिये।

बलराज जाटों का सरदार है, इरावती रानी। चनाब का वह प्रान्त इरावती की करुणा से हरा-भरा हो रहा है; किन्तु फिरोज़ा की प्रसन्नता की वहीं समाधि बन गई-और वहीं वह झाड़ू देती, फूल चढ़ाती और दीप जलाती रही। उस समाधि की वह आजीवन दासी बनी रही।

# घीसू

सन्ध्या की कालिमा और निर्जनता में किसी कुएँ पर नगर के बाहर बड़ी प्यारी स्वर-लहरी गूँजने लगती। घीसू को गाने का चसका था, परन्तु जब कोई न सुने। वह अपनी बूटी अपने लिए घोंटता और आप ही पीता!

जब उसकी रसीली तान दो-चार को पास बुला लेती, वह चुप हो जाता। अपनी बटुई में सब सामान बटोरने लगता और चल देता। कोई नया कुआँ खोजता, कुछ दिन वहाँ अड्डा जमता।

सब करने पर भी वह नौ बजे नन्द बाबू के कमरे में पहुँच ही जाता। नन्द बाबू का भी वही समय था, बीन लेकर बैठने का। घीसू को देखते ही वह कह देते-आ गये, घीसू!

हाँ बाबू, गहरेबाजों ने बड़ी धूल उड़ाई-साफे का लोच आते-आते बिगड़ गया! कहते-कहते वह प्राय: अपने जयपुरी गमछे को बड़ी मीठी आँखों से देखता और नन्द बाबू उसके कन्धे तक बाल, छोटी-छोटी दाढ़ी, बड़ी-बड़ी गुलाबी आँखों को स्नेह से देखते। घीसू उनका नित्य दर्शन करने वाला, उनकी बीन सुननेवाला भक्त था। नन्द बाबू उसे अपने डिब्बे से दो खिल्ली पान की देते हुए कहते-लो, इसे जमा लो! क्यों, तुम तो इसे जमा लेना ही कहते हो न?

वह विनम्र भाव से पान लेते हुए हँस देता-उसके स्वच्छ मोती-से दाँत हँसने लगते।

घीसू की अवस्था पचीस की होगी। उसकी बूढ़ी माता को मरे भी तीन वर्ष हो गये थे।

नन्द बाबू की बीन सुनकर वह बाज़ार से कचौड़ी और दूध लेता, घर जाता, अपनी कोठरी में गुनगुनाता हुआ सो रहता।

उसकी पूँजी थी एक सौ रुपये। वह रेजगी और पैसे की थैली लेकर दशाश्वमेध पर बैठता, एक पैसा रुपया बट्टा लिया करता और उसे बारह-चौदह आने की बचत हो जाती थी।

गोविन्दराम जब बूटी बनाकर उसे बुलाते, वह अस्वीकार करता। गोविन्दराम कहते-बड़ा कंजूस है। सोचता है, पिलाना पड़ेगा, इसी डर से नहीं पीता।

घीसू कहता-नहीं भाई, मैं सन्ध्या को केवल एक ही बार पीता हूँ।

गोविन्दराम के घाट पर बिन्दो नहाने आती, दस बजे। उसकी उजली धोती में गोराई फूटी पड़ती। कभी रेजगी पैसे लेने के लिए वह घीसू के सामने आकर खड़ी हो जाती, उस दिन घीसू को असीम आनन्द होता। वह कहती-देखो, घिसे पैसे न देना।

वाह बिन्दो! घिसे पैसे तुम्हारे ही लिए हैं? क्यों?

तुम तो घीसू ही हो, फिर तुम्हारे पैसे क्यों न घिसे होंगे?-कहकर जब वह मुस्करा देती; तो घीसू कहता-बिन्दो! इस दुनिया में मुझसे अधिक कोई न घिसा; इसीलिए तो मेरे माता-पिता ने घीसू नाम रक्खा था।

बिन्दो की हँसी आँखों में लौट जाती। वह एक दबी हुई साँस लेकर दशाश्वमेध के तरकारी-बाज़ार में चली जाती।

बिन्दो नित्य रुपया नहीं तुड़ाती; इसीलिए घीसू को उसकी बातों के सुनने का आनन्द भी किसी-किसी दिन न मिलता। तो भी वह एक नशा था, जिससे कई दिनों के लिए भरपूर तृप्ति हो जाती, वह मूक मानसिक विनोद था। घीसू नगर के बाहर गोधूलि की हरी-भरी क्षितिज-रेखा में उसके सौन्दर्य से रंग भरता, गाता, गुनगुनाता और आनन्द लेता। घीसू की जीवन-यात्रा का वही सम्बल था, वही पाथेय था।

सन्ध्या की शून्यता, बूटी की गमक, तानों की रसीली गुन्नाहट और नन्द बाबू की बीन, सब बिन्दो की आराधना की सामग्री थी। घीसू कल्पना के सुख से सुखी होकर सो रहता।

उसने कभी विचार भी न किया था कि बिन्दो कौन है? किसी तरह से उसे इतना तो विश्वास हो गया था कि वह एक विधवा है; परन्तु इससे अधिक जानने की उसे जैसे आवश्यकता नहीं।

रात के आठ बजे थे, घीसू बाहरी ओर से लौट रहा था। सावन के मेघ घिरे थे, फूही पड़ रही थी। घीसू गा रहा था-“निसि दिन बरसत नैन हमारे”

सड़क पर कीचड़ की कमी न थी। वह धीरे-धीरे चल रहा था, गाता जाता था। सहसा वह रुका। एक जगह सड़क में पानी इकट्ठा था। छींटों से बचने के लिए वह ठिठक कर-किधर से चलें-सोचने लगा। पास के बगीचे के कमरे से उसे सुनाई पड़ा-यही तुम्हारा दर्शन है-यहाँ इस मुँहजली को लेकर पड़े हो। मुझसे...।

दूसरी ओर से कहा गया-तो इसमें क्या हुआ! क्या तुम मेरी ब्याही हुई हो, जो मैं तुम्हे इसका जवाब देता फिरूँ?-इस शब्द में भर्राहट थी, शराबी की बोली थी।

घीसू ने सुना, बिन्दो कह रही थी-मैं कुछ नहीं हूँ लेकिन तुम्हारे साथ मैंने धरम बिगाड़ा है सो इसीलिए नहीं कि तुम मुझे फटकारते फिरो। मैं इसका गला घोंट दूंगी और-तुम्हारा भी....बदमाश...।

ओहो! मैं बदमाश हूँ! मेरा ही खाती है और मुझसे ही... ठहर तो, देखूँ किसके साथ तू यहाँ आई है, जिसके भरोसे इतना बढ़-बढ़कर बातें कर रही है! पाजी...लुच्ची...भाग, नहीं तो छुरा भोंक दूँगा!

छुरा भोंकेगा! मार डाल हत्यारे! मैं आज अपनी और तेरी जान दूँगी और लूँगी-तुझे भी फाँसी पर चढ़वाकर छोडूँगी!

एक चिल्लाहट और धक्कम-धक्का का शब्द हुआ। घीसू से अब न रहा गया, उसने बगल में दरवाज़े पर धक्का दिया, खुला हुआ था, भीतर घूम-फिरकर पलक मारते-मारते घीसू कमरे में जा पहुँचा। बिन्दो गिरी हुई थी और एक अधेड़ मनुष्य उसका जूड़ा पकड़े था। घीसू की गुलाबी आँखों से खून बरस रहा था। उसने कहा- हैं! यह औरत है...इसे...

मारनेवाले ने कहा-तभी तो, इसी के साथ यहाँ तक आई हो! लो, यह तुम्हारा यार आ गया।

बिन्दो ने घूमकर देखा-घीसू! वह रो पड़ी।

अधेड़ ने कहा-ले, चली जा, मौज कर! आज से मुझे अपना मुँह मत दिखाना!

घीसू ने कहा-भाई, तुम विचित्र मनुष्य हो। लो, चला जाता हूँ। मैंने तो छुरा भोंकने इत्यादि और चिल्लाने का शब्द सुना, इधर चला आया। मुझसे तुम्हारे झगड़े से क्या सम्बन्ध!

मैं कहाँ ले जाऊँगा भाई! तुम जानो, तुम्हारा काम जाने। लो, मैं जाता हूँ-कहकर घीसू जाने लगा।

बिन्दो ने कहा-ठहरो!

घीसू रुक गया।

बिन्दो चली, घीसू भी पीछे-पीछे बगीचे के बाहर निकल आया। सड़क सुनसान थी। दोनों चुपचाप चले। गोदौलिया चौमुहानी पर आकर घीसू ने पूछा-अब तो तुम अपने घर चली जाओगी!

कहाँ जाऊँगी! अब तुम्हारे घर चलूँगी।

घीसू बड़े असमंजस में पड़ा। उसने कहा-मेरे घर कहाँ? नन्द बाबू की एक कोठरी है, वहीं पड़ा रहता हूँ, तुम्हारे वहाँ रहने की जगह कहाँ!

बिन्दो ने रो दिया। चादर के छोर से आँसू पोंछती हुई, उसने कहा-तो फिर तुमको इस समय वहाँ पहुँचने की क्या पड़ी थी। मैं जैसा होता, भुगत लेती! तुमने वहाँ पहुँच कर मेरा सब चौपट कर दिया-मैं कहीं की न रही!

सड़क पर बिजली के उजाले में रोती हुई बिन्दो से बात करने में घीसू का दम घुटने लगा। उसने कहा-तो चलो।

दूसरे दिन, दोपहर को थैली गोविन्दराम के घाट पर रख कर घीसू चुपचाप बैठा रहा। गोविन्दराम की बूटी बन रही थी। उन्होंने कहा-घीसू, आज बूटी लोगे?

घीसू कुछ न बोला।

गोविन्दराम ने उसका उतरा हुआ मुँह देखकर कहा-क्या कहें घीसू! आज तुम उदास क्यों हो?

क्या कहूँ भाई! कहीं रहने की जगह खोज रहा हूँ-कोई छोटी-सी कोठरी मिल जाती, जिसमें सामान रखकर ताला लगा दिया करता।

गोविन्दराम ने पूछा-जहाँ रहते थे?

वहाँ अब जगह नहीं है। इसी मढ़ी में क्यों नहीं रहते! ताला लगा दिया करो, मैं तो चौबीस घण्टे रहता नहीं।

घीसू की आँखों में कृतज्ञता के आँसू भर आये।

गोविन्द ने कहा-तो उठो, आज तो बूटी छान लो।

घीसू पैसे की दूकान लगाकर अब भी बैठता है और बिन्दो नित्य गंगा नहाने आती है। वह घीसू की दूकान पर खड़ी होती है, उसे वह चार आने पैसे देता है। अब दोनों हँसते नहीं, मुस्कराते नहीं।

घीसू का बाहरी ओर जाना छूट गया है। गोविन्दराम की डोंगी पर उस पार हो आता है, लौटते हुए बीच गंगा में से उसकी लहरीली तान सुनाई पड़ती है; किन्तु घाट पर आते-जाते चुप।

बिन्दो नित्य पैसा लेने आती। न तो कुछ बोलती और न घीसू कुछ कहता। घीसू की बड़ी-बड़ी आँखों के चारों ओर हलके गढ़े पड़ गये थे, बिन्दो उसे स्थिर दृष्टि से देखती और चली जाती। दिन-पर-दिन वह यह भी देखती कि पैसों की ढेरी कम होती जाती है। घीसू का शरीर भी गिरता जा रहा है। फिर भी एक शब्द नहीं, एक बार पूछने का काम नहीं।

गोविन्दराम ने एक दिन पूछा-घीसू, तुम्हारी तान इधर नहीं सुनाई पड़ी।

उसने कहा-तबीयत अच्छी नहीं है।

गोविन्द ने उसका हाथ पकड़कर कहा-क्या तुम्हें ज्वर आता है?

नहीं तो, यों ही आजकल भोजन बनाने में आलस करता हूँ, अन्ड-बन्ड खा लेता हूँ।

गोविन्दराम ने पूछा-बूटी छोड़ दिया, इसी से तुम्हारी यह दशा है।

उस समय घीसू सोच रहा था-नन्द बाबू की बीन सुने बहुत दिन हुए, वे क्या सोचते होंगे!

गोविन्दराम के चले जाने पर घीसू अपनी कोठरी में लेट रहा। उसे सचमुच ज्वर आ गया।

भीषण ज्वर था, रात-भर वह छटपटाता रहा। बिन्दो समय पर आई, मढ़ी के चबूतरे पर उस

दिन घीसू की दूकान न थी। वह खड़ी रही। फिर सहसा उसने दरवाज़ा ढकेल कर भीतर देखा-घीसू छटपटा रहा था! उसने जल पिलाया।

घीसू ने कहा-बिन्दो। क्षमा करना; मैंने तुम्हें बड़ा दुःख दिया। अब मैं चला। लो, यह बचा हुआ पैसा! तुम जानो भगवान्....कहते-कहते उसकी आँखें टँग गई। बिन्दों की आँखों से आँसू बहने लगे। वह गोविन्दराम को बुला लाई।

बिन्दो अब भी बची हुई पूँजी से पैसे की दूकान करती है। उसका यौवन, रूप-रंग कुछ नहीं रहा। बच रहा-थोड़ा सा पैसा और बड़ा सा पेट-और पहाड़-से आनेवाले दिन!

# बेड़ी

"बाबूजी, एक पैसा!"

मैं सुनकर चौंक पड़ा, कितनी कारुणिक आवाज थी। देखा तो एक 9-10 बरस का लडक़ा अन्धे की लाठी पकड़े खड़ा था। मैंने कहा-सूरदास, यह तुमको कहाँ से मिल गया?

अन्धे को अन्धा न कह कर सूरदास के नाम से पुकारने की चाल मुझे भली लगी। इस सम्बोधन में उस दीन के अभाव की ओर सहानुभूति और सम्मान की भावना थी, व्यंग न था।

उसने कहा-बाबूजी, यह मेरा लडक़ा है-मुझ अन्धे की लकड़ी है। इसके रहने से पेट भर खाने को माँग सकता हूँ और दबने-कुचलने से भी बच जाता हूँ।

मैंने उसे इकन्नी दी, बालक ने उत्साह से कहा-अहा इकन्नी! बुड्ढे ने कहा-दाता, जुग-जुग जियो!

मैं आगे बढ़ा और सोचता जाता था, इतने कष्ट से जो जीवन बिता रहा है, उसके विचार में भी जीवन ही सबसे अमूल्य वस्तु है, हे भगवान्!

दीनानाथ करी क्यों देरी ? - दशाश्वमेध की ओर जाते हुए मेरे कानों में एक प्रौढ़ स्वर सुनाई पड़ा। उसमें सच्ची विनय थी-वही जो तुलसीदास की विनय-पत्रिका में ओत-प्रोत है। वही आकुलता, सान्निध्य की पुकार, प्रबल प्रहार से व्यथित की कराह! मोटर की दम्भ भरी भीषण भों-भों में विलीन होकर भी वायुमण्डल में तिरने लगी। मैं अवाक् होकर देखने लगा, वही बुड्ढा! किन्तु आज अकेला था। मैंने उसे कुछ देते हुए पूछा-क्योंजी, आज वह तुम्हारा लडक़ा कहाँ है?

बाबूजी, भीख में से कुछ पैसा चुरा कर रखता था, वही लेकर भाग गया, न जाने कहाँ गया!-उन फूटी आँखों से पानी बहने लगा। मैंने पूछा-उसका पता नहीं लगा? कितने दिन हुए?

लोग कहते हैं कि वह कलकत्ता भाग गया! उस नटखट लड़के पर क्रोध से भरा हुआ मैं घाट की ओर बढ़ा, वहाँ एक व्यास जी श्रवण-चरित की कथा कह रहे थे। मैं सुनते-सुनते उस बालक पर अधिक उत्तेजित हो उठा। देखा तो पानी की कल का धुआँ पूर्व के आकाश में अजगर की तरह फैल रहा था।

कई महीने बीतने पर चौक में वही बुड्ढा दिखाई पड़ा, उसकी लाठी पकड़े वही लडक़ा अकड़ा हुआ खड़ा था। मैंने क्रोध से पूछा-क्यों बे, तू अन्धे पिता को छोड़कर कहाँ भागा था? वह मुस्कराते हुए बोला-बाबू जी, नौकरी खोजने गया था। मेरा क्रोध उसकी कर्तव्य-बुद्धि से शान्त हुआ। मैंने उसे कुछ देते हुए कहा-लड़के, तेरी यही नौकरी है, तू अपने बाप को छोड़कर न भागा कर।

बुड्ढा बोल उठा-बाबूजी, अब यह नहीं भाग सकेगा, इसके पैरों में बेड़ी डाल दी गई है। मैंने घृणा और आश्चर्य से देखा, सचमुच उसके पैरों में बेड़ी थी। बालक बहुत धीरे-धीरे चल सकता था। मैंने मन-ही-मन कहा-हे भगवान्, भीख मँगवाने के लिए, बाप अपने बेटे के पैर में बेड़ी भी डाल सकता है और वह नटखट फिर भी मुस्कराता था। संसार, तेरी जय हो!

मैं आगे बढ़ गया।

मैं एक सज्जन की प्रतीक्षा में खड़ा था, आज नाव पर घूमने का उनसे निश्चय हो चुका था। गाड़ी, मोटर, ताँगे टकराते-टकराते भागे जा रहे थे, सब जैसे व्याकुल। मैं दार्शनिक की तरह उनकी चञ्चलता की आलोचना कर रहा था! सिरस के वृक्ष की आड़ में फिर वही कण्ठ-स्वर सुनायी पड़ा। बुड्ढे ने कहा-बेटा, तीन दिन और न ले पैसा, मैंने रामदास से कहा है सात आने में तेरा कुरता बन जायगा, अब ठण्ड पड़ने लगी है। उसने ठुनकते हुए कहा-नहीं, आज मुझे दो पैसा दो, मैं कचालू खाऊँगा, वह देखो उस पटरी पर बिक रहा है। बालक के मुँह और आँख में पानी भरा था। दुर्भाग्य से बुड्ढा उसे पैसा नहीं दे सकता था। वह न देने के लिए हठ करता ही रहा; परन्तु बालक की ही विजय हुई। वह पैसा लेकर सड़क की उस पटरी पर चला। उसके बेड़ी से जकड़े हुए पैर पैंतरा काट कर चल रहे थे। जैसे युद्ध-विजय के लिए।

नवीन बाबू चालिस मील की स्पीड से मोटर अपने हाथ से दौड़ा रहे थे। दर्शकों की चीत्कार से बालक गिर पड़ा, भीड़ दौड़ी। मोटर निकल गई और यह बुड्ढा विकल हो रोने लगा-अन्धा किधर जाय!

एक ने कहा-चोट अधिक नहीं।

दूसरे ने कहा-हत्यारे ने बेड़ी पहना दी है, नहीं तो क्यों चोट खाता।

बुड्ढे ने कहा-काट दो बेड़ी बाबा, मुझे न चाहिए।

और मैंने हतबुद्धि होकर देखा कि बालक के प्राण-पखेरू अपनी बेड़ी काट चुके थे।

# व्रत-भंग

तो तुम न मानोगे?

नहीं, अब हम लोगों के बीच इतनी बड़ी खाई है, जो कदापि नहीं पट सकती!

इतने दिनों का स्नेह?

ऊँह! कुछ भी नहीं। उस दिन की बात आजीवन भुलाई नहीं जा सकती, नंदन! अब मेरे लिए तुम्हारा और तुम्हारे लिए मेरा कोई अस्तित्व नहीं। वह अतीत के स्मरण, स्वप्न हैं, समझे?

यदि न्याय नहीं कर सकते, तो दया करो, मित्र! हम लोग गुरुकुल में....

हाँ-हाँ, मैं जानता हूँ, तुम मुझे दरिद्र युवक समझ कर मेरे ऊपर कृपा रखते थे, किन्तु उसमें कितना तीक्ष्ण अपमान था, उसका मुझे अब अनुभव हुआ।

उस ब्रह्म बेला में ऊषा का अरुण आलोक भागीरथी की लहरों के साथ तरल होता रहता, हम लोग कितने अनुराग से स्नान करने जाते थे। सच कहना, क्या वैसी मधुरिमा हम लोगों के स्वच्छ हृदयों में न थी?

रही होगी-पर अब, उस मर्मघाती अपमान के बाद! मैं खड़ा रह गया, तुम स्वर्ण-रथ पर चढक़र चले गये; एक बार भी नहीं पूछा। तुम कदाचित् जानते होगे नंदन कि कंगाल के मन में प्रलोभन के प्रति कितना विद्वेष है? क्योंकि वह उससे सदैव छल करता है-ठुकराता है। मैं अपनी उस बात को दुहराता हूँ कि हम लोगों का अब उस रूप में कोई अस्तित्व नहीं।

वही सही कपिञ्जल! हम लोगों का पूर्व अस्तित्व कुछ नहीं, तो क्या हम लोग वैसे ही निर्मल होकर एक नवीन मैत्री के लिए हाथ नहीं बढ़ा सकते? मैं आज प्रार्थी हूँ।

मैं उस प्रार्थना की उपेक्षा करता हूँ। तुम्हारे पास ऐश्वर्य का दर्प है, तो अकिञ्चनता उससे कहीं अधिक गर्व रखती है!

तुम बहुत कटु हो गये हो इस समय। अच्छा, फिर कभी...

न अभी, न फिर कभी। मैं दरिद्रता को भी दिखला दूँगा कि मैं क्या हूँ। इस पाखण्ड-संसार में भूखा रहूँगा, परन्तु किसी के सामने सिर न झुकाऊँगा। हो सकेगा तो संसार को बाध्य करूँगा झुकने के लिए।

कपिञ्जल चला गया। नंदन हतबुद्धि होकर लौट आया। उस रात को उसे नींद न आई।

उक्त घटना को बरसों बीत गये। पाटलीपुत्र के धनकुबेर कलश का कुमार नंदन धीरे-धीरे उस घटना को भूल चला। ऐश्वर्य का मदिरा-विलास किसे स्थिर रहने देता है! उसने यौवन के संसार में बड़ी-बड़ी आशाएँ लेकर पदार्पण किया था। नंदन तब भी मित्र से वञ्चित होकर जीवन को अधिक चतुर न बना सका।

राधा, तू कैसी पगली है? तूने कलश की पुत्र-वधू बनने का निश्चय किया है, आश्चर्य!

हाँ महादेवी, जब गुरुजनों की आज्ञा है, तब उसे तो मानना ही पड़ेगा।

मैं रोक सकती हूँ। मूर्ख नंदन! कितना असंगत चुनाव है! राधा, मुझे दया आती है।

किसी अन्य प्रकार से गुरुजनों की इच्छा को टाल देना यह मेरी धारणा के प्रतिकूल है, महादेवी! नंदन की मूर्खता सरलता का सत्यरूप है। मुझे वह अरुचिकर नहीं। मैं उस निर्मल-हृदय की देख-रेख कर सकूँ, तो यह मेरे मनोरंजन का ही विषय होगा।

मगध की महादेवी ने हँसी से कुमारी के इस साहस का अभिनंदन करते हुए कहा। तेरी जैसी इच्छा, तू स्वयं भोगेगी।

माधवी-कुञ्ज से वह विरक्त होकर उठ गई। उन्हें राधा पर कन्या के समान ही स्नेह था।

दिन स्थिर हो चुका था। स्वयं मगध-नरेश की उपस्थिति में महाश्रेष्ठि धनञ्जय की कन्या का ब्याह कलश के पुत्र से हो गया, अद्भुत वह समारोह था। रत्नों के आभूषण तथा स्वर्ण-पात्रों के अतिरिक्त मगध-सम्राट् ने राधा की प्रिय वस्तु अमूल्य मणि-निर्मित दीपाधार भी दहेज में दे दिया। उस उत्सव की बड़ाई, पान-भोजन आमोद-प्रमोद का विभवशाली चारु चयन कुसुमपुर के नागरिकों को बहुत दिन तक गल्प करने का एक प्रधान उपकरण था।

राधा कलश की पुत्र-वधू हुई।

राधा के नवीन उपवन के सौध-मंदिर में अगरु, कस्तूरी और केशर की चहल-पहल, पुष्प-मालाओं का दोनों सन्ध्या में नवीन आयोजन और दीपावली में वीणा, वंशी और मृदंग की स्निग्ध गम्भीर ध्वनि बिखरती रहती। नंदन अपने सुकोमल आसन पर लेटा हुआ राधा का अनिन्द्य सौन्दर्य एकटक चुपचाप देखा करता। उस सुसज्जित कोष्ठ में मणि-निर्मित दीपाधार की यन्त्र-मयी नर्तकी अपने नूपुरों की झंकार से नंदन और राधा के लिए एक क्रीड़ा और कुतूहल का सृजन करती रहती। नंदन कभी राधा के खिसकते हुए उत्तरीय को सँभाल देता। राधा हँसकर कहती- बड़ा कष्ट हुआ।

नंदन कहता-देखो, तुम अपने प्रसाधन ही में पसीने-पसीने हो जाती हो, तुम्हें विश्राम की आवश्यकता है।

राधा गर्व से मुस्करा देती। कितना सुहाग था उसका अपने सरल पति पर और कितना अभिमान था अपने विश्वास पर! एक सुखमय स्वप्न चल रहा था।

कलश-धन का उपासक सेठ अपनी विभूति के लिए सदैव सशंक रहता। उसे राजकीय संरक्षण तो था ही, दैवी रक्षा से भी अपने को सम्पन्न रखना चाहता था। इस कारण उसे एक नंगे साधु पर अत्यन्त भक्ति थी, जो कुछ ही दिनों से उस नगर के उपकण्ठ में आकर रहने लगा था।

उसने एक दिन कहा-सब लोग दर्शन करने चलेंगे।

उपहार के थाल प्रस्तुत होने लगे। दिव्य रथों पर बैठकर सब साधु-दर्शन के लिए चले। वह भागीरथी-तट का एक कानन था, जहाँ कलश का बनवाया हुआ कुटीर था।

सब लोग अनुचरों के साथ रथ छोड़कर भक्तिपूर्ण हृदय से साधु के समीप पहुँचे। परन्तु राधा ने जब दूर ही से देखा कि वह साधु नग्न है, तो वह रथ की ओर लौट पड़ी। कलश ने उसे बुलाया; पर राधा न आई। नंदन कभी राधा को देखता और कभी अपने पिता को। साधु खीलों के समान फूट पड़ा। दाँत किटकिटा कर उसने कहा-यह तुम्हारी पुत्र-वधू कुलक्षणा है, कलश! तुम इसे हटा दो, नहीं तो तुम्हारा नाश निश्चित है। नंदन दाँतो तले जीभ दबाकर धीरे से बोला-अरे! यह कपिञ्जल ....।

अनागत भविष्य के लिए भयभीत कलश क्षुब्ध हो उठा। वह साधु की पूजा करके लौट आया। राधा अपने नवीन उपवन में उतरी।

कलश ने पूछा-तुमने महापुरुष से क्यों इतना दुर्विनीत व्यवहार किया?

नहीं पिताजी! वह स्वयं दुर्विनीत है। जो स्त्रियों को आते देखकर भी साधारण शिष्टाचार का पालन नहीं कर सकता, वह धार्मिक महात्मा तो कदापि नहीं!

क्या कह रही है! वे एक सिद्ध पुरुष हैं।

सिद्धि यदि इतनी अधम है, धर्म यदि इतना निर्लज्ज है, तो वह स्त्रियों के योग्य नहीं पिताजी! धर्म के रूप में कहीं आप भय की उपासना तो नहीं कर रहे हैं?

तू सचमुच कुलक्षणा है!

इसे तो अन्तर्यामी भगवान् ही जान सकते हैं। मनुष्य इसके लिए अत्यन्त क्षुद्र है। पिताजी आप.... उसे रोककर अत्यन्त क्रोध से कलश ने कहा-तुझे इस घर में रखना अलक्ष्मी को बुलाना है। जा, मेरे भवन से निकल जा।

नंदन सुन रहा था। काठ के पुतले के समान! वह इस विचार का अन्त हो जाना तो चाहता था; पर क्या करे, यह उसकी समझ में न आया। राधा ने देखा, उसका पति कुछ नहीं बोलता, तो अपने गर्व से सिर उठाकर कहा-मैं धनकुबेर की क्रीत दासी नहीं हूँ। मेरे गृहिणीत्व का अधिकार केवल मेरा पदस्खलन ही छीन सकता है। मुझे विश्वास है, मैं अपने आचरण से अब तक इस पद की स्वामिनी हूँ। कोई भी मुझे इससे वञ्चित नहीं कर सकता।

आश्चर्य से देखा नंदन ने और हतबुद्धि होकर सुना कलश ने। दोनों उपवन के बाहर चले गये।

वह उपवन सबसे परित्यक्त और उपेक्षणीय बन गया। भीतर बैठी राधा ने यह सब देखा।

नंदन ने पिता का अनुकरण किया। वह धीरे-धीरे राधा को भूल चला; परन्तु नये ब्याह का नाम लेते ही चौंक पड़ता। उसके मन में धन की ओर वितृष्णा जगी। ऐश्वर्य का यान्त्रिक शासन जीवन को नीरस बनाने लगा। उसके मन की अतृप्ति, विद्रोह करने के लिए सुविधा खोजने लगी।

कलश ने उसके मनोविनोद के लिए नया उपवन बनवाया। नंदन अपनी स्मृतियों का लीला-निकेतन छोड़कर रहने लगा।

राधा के आभूषण बिकते थे और उस सेठ के द्वार की अतिथि-सेवा वैसी ही होती रहती। मुक्त द्वार का अपरिमित व्यय और आभूषणों के विक्रय की आय-कब तक यह युद्ध चले? अब राधा के पास बच गया था वही मणि-निर्मित दीपाधार, जिसे महादेवी ने उसकी क्रीड़ा के लिए बनवाया था।

थोड़ा-सा अन्न अतिथियों के लिए बचा था। राधा दो दिन से उपवास कर रही थी। दासी ने कहा-स्वामिनी! यह कैसे हो सकता है कि आपके सेवक, बिना आपके भोजन किए अन्न ग्रहण करें?

राधा ने कहा-तो, आज यह मणि-दीप बिकेगा। दासी उसे ले आई। वह यन्त्र से बनी हुई रत्न-जटित नर्तकी नाच उठी। उसके नूपुर की झंकार उस दरिद्र भवन में गूंजने लगी। राधा हँसी। उसने कहा-मनुष्य जीवन में इतनी नियमानुकूलता यदि होती?

स्नेह से चूमकर उसे बेचने के लिए अनुचर को दे दिया। पण्य में पहुँचते ही दीपाधार बड़े-बड़े रत्न-वणिकों की दृष्टि का एक कुतूहल बन गया। उस चूड़ामणि का दिव्य आलोक सभी की आँखों में चकाचौंध उत्पन्न कर देता था। मूल्य की बोली बढ़ने लगी। कलश भी पहुँचा। उसने पूछा-यह किसका है? अनुचर ने उत्तर दिया-मेरी स्वामिनी सौभाग्यवती श्रीमती राधा देवी का।

लोभी कलश ने डाँटकर कहा-मेरे घर की वस्तु इस तरह चुराकर तुम लोग बेचने फिर जाओगे, तो बन्दी-गृह में पड़ोगे। भागो।

अमूल्य दीपाधार से वञ्चित सब लोग लौट गये। कलश उसे अपने घर उठवा ले गया।

राधा ने सब सुना-वह कुछ न बोली।

गंगा और शोण में एक साथ ही बाढ़ आई। गाँव-के-गाँव बहने लगे। भीषण हाहाकार मचा। कहाँ ग्रामीणों की असहाय दशा और कहाँ जल की उद्दण्ड बाढ़, कच्चे झोपड़े उस महाजल-व्याल की फूँक से तितर-बितर होने लगे। वृक्षों पर जिसे आश्रय मिला, वही बच सका। नंदन के हृदय ने तीसरा धक्का खाया। नंदन का सत्साहस उत्साहित हुआ। वह अपनी पूरी शक्ति से नावों की सेना बना कर जलप्लावन में डट गया और कलश अपने सात खण्ड के प्रासाद में बैठा यह दृश्य देखता रहा।

रात नावों पर बीतती है और बाँसों के छोटे-छोटे बेड़े पर दिन। नंदन के लिए धूप, वर्षा, शीत कुछ नहीं। अपनी धुन में वह लगा हुआ है। बाढ़-पीड़ितों का झुण्ड सेठ के प्रासाद में हर नाव से उतरने लगा। कलश क्रोध के मारे बिलबिला उठा। उसने आज्ञा दी कि बाढ़-पीड़ित यदि स्वयं नंदन भी हो, तो वह प्रासाद में न आने पावे। घटा घिरी थी, जल बरसता था। कलश अपनी ऊँची अटारी पर बैठा मणि-निर्मित दीपाधार का नृत्य देख रहा था।

नंदन भी उसी नाव पर था, जिस पर चार दुर्बल स्त्रियाँ, तीन शीत से ठिठुरे हुए बच्चे और पाँच जीर्ण पञ्जर वाले वृद्ध थे। उस समय नाव द्वार पर जा लगी। सेठ का प्रासाद गंगा-तट की एक ऊँची चट्टान पर था। वह एक छोटा-सा दुर्ग था। जल अभी द्वार तक ही पहुँच सका था। प्रहरियों ने नाव देखते ही रोका-पीड़ितों को इसमें स्थान नहीं।

नंदन ने पूछा-क्यों?

महाश्रेष्टि कलश की आज्ञा।

नंदन ने एक क्रोध से उस प्रासाद की ओर देखा और माँझी को नाव लौटाने की आज्ञा दी। माँझी ने पूछा-कहाँ ले चलें? नंदन कुछ न बोला। नाव बाढ़ में चक्कर खाने लगी। सहसा दूर उसे जल-मग्न वृक्षों की चोटियों और पेड़ों के बीच में एक गृह का ऊपरी अंश दिखाई पड़ा। नंदन ने संकेत किया। माँझी उसी ओर नाव खेने लगा।

गृह के नीचे के अंश में जल भर गया था। थोड़ा-सा अन्न और ईंधन ऊपर के भाग में बचा था। राधा उस जल में घिरी हुई अचल थी। छत की मुँडेर पर बैठी वह जलमयी प्रकृति में डूबती हुई सूर्य की अन्तिम किरणों को ध्यान से देख रही थी। दासी ने कहा-स्वामिनी! वह दीपाधार भी गया, अब तो हम लोगों के लिए बहुत थोड़ा अन्न घर में बच रहा है।

देखती नहीं यह प्रलय-सी बाढ़! कितने मर मिटे होंगे। तुम तो पक्की छत पर बैठी अभी यह दृश्य देख रही हो। आज से मैंने अपना अंश छोड़ दिया। तुम लोग जब तक जी सको, जीना।

सहसा नीचे झाँककर राधा ने देखा, एक नाव उसके वातायन से टकरा रही है, और एक युवक उसे वातायन के साथ दृढ़ता के साथ बाँध रहा है।

राधा ने पूछा-कौन है?

नीचे सिर किये नंदन ने कहा-बाढ़-पीड़ित कुछ प्राणियों को क्या आश्रय मिलेगा? अब जल का क्रोध उतर चला है। केवल दो दिन के लिए इतने मरनेवालों को आश्रय चाहिए।

ठहरिये, सीढ़ी लटकाई जाती है।

राधा और दासी तथा अनुचर ने मिलकर सीढ़ी लगाई। नंदन विवर्ण मुख एक-एक को पीठ पर लादकर ऊपर पहुँचाने लगा। जब सब ऊपर आ गये, तो राधा ने आकर कहा-और तो कुछ नहीं है, केवल द्विदलों का जूस इन लोगों के लिए है, ले आऊँ।

नंदन ने सिर उठाकर देखा, राधा। वह बोल उठा-राधा! तुम यहीं हो?

हाँ स्वामी, मैं अपने घर में हूँ। गृहणी का कर्तव्य पालन कर रही हूँ।

पर मैं गृहस्थ का कर्तव्य न पालन कर सका, राधा, पहले मुझे क्षमा करो।

स्वामी, यह अपराध मुझसे न हो सकेगा। उठिए, आज आपकी कर्मण्यता से मेरा ललाट उज्ज्वल हो रहा है। इतना साहस कहाँ छिपा था, नाथ!

दोनों प्रसन्न होकर कर्तव्य में लगे। यथा-सम्भव उन दुखियों की सेवा होने लगी।

एक प्रहर के बाद नंदन ने कहा-मुझे भ्रम हो रहा है कि कोई यहाँ पास ही विपन्न है। राधा! अभी रात अधिक नहीं हुई है, मैं एक बार नाव लेकर जाऊँ?

राधा ने कहा-मैं भी चलूँ?

नंदन ने कहा-गृहणी का काम करो, राधा! कर्तव्य कठोर होता है, भाव-प्रधान नहीं।

नंदन एक माँझी को लेकर चला गया और राधा दीपक जलाकर मुँडेर पर बैठी थी। दासी और दास पीड़ितों की सेवा में लगे थे। बादल खुल गये थे। असंख्य नक्षत्र झलमला कर निकल आये, मेघों के बन्दीगृह से जैसे छुट्टी मिली हो! चन्द्रमा भी धीरे-धीरे उस त्रस्त प्रदेश को भयभीत होकर देख रहा था।

एक घण्टे में नंदन का शब्द सुनाई पड़ा-सीढ़ी।

राधा दीपक दिखला रही थी। और सीढ़ी के सहारे नंदन ऊपर एक भारी बोझ लेकर चढ़ रहा था।

छत पर आकर उसने कहा-एक वस्त्र दो, राधा! राधा ने एक उत्तरीय दिया। वह मुमूर्षु व्यक्ति नग्न था। उसे ढककर नंदन ने थोड़ा सेंक दिया; गर्मी भीतर पहुँचते ही वह हिलने-डोलने लगा। नीचे से माँझी ने कहा-जल बड़े वेग से हट रहा है, नाव ढीली न करूँगा, तो लटक जायगी।

नंदन ने कहा-तुम्हारे लिए भोजन लटकाता हूँ, ले लो। काल-रात्रि बीत गई। नंदन ने प्रभात में आँखें खोलकर देखा कि सब सो रहे हैं और राधा उसके पास बैठी सिर सहला रही है।

इतने में पीछे से लाया हुआ मनुष्य उठा। अपने को अपरिचित स्थान में देखकर वह चिल्ला उठा-मुझे वस्त्र किसने पहनाया, मेरा व्रत किसने भंग किया?

नंदन ने हँसकर कहा-कपिञ्जल! यह राधा का गृह है, तुम्हें उसके आज्ञानुसार यहाँ रहना होगा। छोड़ो पागलपन! चलो, बहुत से प्राणी हम लोगों की सहायता के अधिकारी हैं। कपिञ्जल ने कहा-सो कैसे हो सकता है? तुम्हारा-हमारा संग असम्भव है।

मुझे दण्ड देने के लिए ही तो तुमने यह स्वाँग रचा था। राधा तो उसी दिन से निर्वासित थी और कल से मुझे भी अपने घर में प्रवेश करने की आज्ञा नहीं। कपिञ्जल! आज तो हम और तुम दोनों बराबर हैं और इतने अधमरों के प्राणों का दायित्व भी हमी लोगों पर है। यह व्रत-भंग नहीं, व्रत का आरम्भ है। चलो, इस दरिद्र कुटुम्ब के लिए अन्न जुटाना होगा।

कपिञ्जल आज्ञाकारी बालक की भाँति सिर झुकाये उठ खड़ा हुआ।

# ग्राम-गीत

शरद्-पूर्णिमा थी। कमलापुर के निकलते हुए करारे को गंगा तीन ओर से घेरकर दूध की नदी के समान बह रही थी। मैं अपने मित्र ठाकुर जीवन सिंह के साथ उनके सौंध पर बैठा हुआ अपनी उज्ज्वल हँसी में मस्त प्रकृति को देखने में तन्मय हो रहा था। चारों ओर का क्षितिज नक्षत्रों के बन्दनवार-सा चमकने लगा था। धवलविधु-बिम्ब के समीप ही एक छोटी-सी चमकीली तारिका भी आकाश-पथ में भ्रमण कर रही थी। वह जैसे चन्द्र को छू लेना चाहती थी; पर छूने नहीं पाती थी।

मैंने जीवन से पूछा-तुम बता सकते हो, वह कौन नक्षत्र है?

रोहिणी होगी। - जीवन के अनुमान करने के ढंग से उत्तर देने पर मैं हँसना ही चाहता था कि दूर से सुनाई पड़ा-

बरजोरी बसे हो नयनवाँ में।

उस स्वर-लहरी में उन्मत्त वेदना थी। कलेजे को कचोटनेवाली करुणा थी। मेरी हँसी सत्र रह गई। उस वेदना को खोजने के लिए, गंगा के उस पार वृक्षों की श्यामलता को देखने लगा; परन्तु कुछ न दिखाई पड़ा।

मैं चुप था, सहसा फिर सुनाई पड़ा-
अपने बाबा की बारी दुलारी,
खेलत रहली अँगनवाँ में,
बरजोरी बसे हो।

मैं स्थिर होकर सुनने लगा, जैसे कोई भूली हुई सुन्दर कहानी। मन में उत्कण्ठा थी, और एक कसक भरा कुतूहल था! फिर सुनाई पड़ा-

ई कुल बतियाँ कबौं नाहीं जनली,
देखली कबौं न सपनवाँ में।
बरजोरी बसे हो-

मैं मूर्ख-सा उस गान का अर्थ-सम्बन्ध लगाने लगा।

अँगने में खेलते हुए-ई कुल बतियाँ, वह कौन बात थी? उसे जानने के लिए हृदय चञ्चल बालक-सा मचल गया। प्रतीत होने लगा, उन्हीं कुल अज्ञात बातों के रहस्य-जाल में मछली-सा मन चाँदनी के समुद्र में छटपटा रहा है।

मैंने अधीर होकर कहा-ठाकुर! इसको बुलवाओगे?

नहीं जी, वह पगली है।

पगली! कदापि नहीं! जो ऐसा गा सकती है, वह पगली नहीं हो सकती। जीवन! उसे बुलाओ, बहाना मत करो।

तुम व्यर्थ हठ कर रहे हो। - एक दीर्घ निश्वास को छिपाते हुए जीवन ने कहा।

मेरा कुतूहल और भी बढ़ा। मैंने कहा-हठ नहीं, लड़ाई भी करना पड़े तो करूँगा। बताओ, तुम क्यों नहीं बुलाने देना चाहते हो?

वह इसी गाँव की भाँट की लडक़ी है। कुछ दिनों से सनक गई है। रात भर कभी-कभी गाती हुई गंगा के किनारे घूमा करती है।

तो इससे क्या? उसे बुलाओ भी।

नहीं, मैं उसे न बुलवा सकूँगा।

अच्छा, तो यही बताओ, क्यों न बुलवाओगे?

वह बात सुनकर क्या करोगे?

सुनूँगा अवश्य-ठाकुर! यह न समझना कि मैं तुम्हारी जमींदारी में इस समय बैठा हूँ, इसलिए डर जाऊँगा।-मैंने हँसी से कहा।

जीवनसिंह ने कहा-तो सुनो- तुम जानते हो कि देहातों में भाँटों का प्रधान काम है, किसी अपने ठाकुर के घर उत्सवों पर प्रशंसा के कवित्त सुनाना। उनके घर की स्त्रियाँ घरों में गाती-बजाती हैं। नन्दन भी इसी प्रकार मेरे घराने का आश्रित भाँट है। उसकी लडक़ी रोहिणी विधवा हो गई- मैंने बीच ही में टोक कर कहा-क्या नाम बताया?

जीवन ने कहा-रोहिणी। उसी साल उसका द्विरागमन होनेवाला था। नन्दन लोभी नहीं है। उसे और भाँटों के सदृश माँगने में भी संकोच होता है। यहाँ से थोड़ी दूर पर गंगा-किनारे उसकी कुटिया है। वहाँ वृक्षों का अच्छा झुरमुट है। एक दिन मैं खेत देखकर घोड़े पर आ रहा था। कड़ी धूप थी। मैं नन्दन के घर के पास वृक्षों की छाया में ठहर गया। नन्दन ने मुझे देखा। कम्बल बिछाकर उसने अपनी झोपड़ी में मुझे बिठाया, मैं लू से डरा था। कुछ समय वहीं बिताने का निश्चय किया।

जीवन को सफाई देते देखकर मैं हँस पड़ा; परन्तु उसकी ओर ध्यान ने देकर जीवन ने अपनी कहानी गम्भीरता से विच्छिन्न न होने दी।

हाँ तो - नन्दन ने पुकारा - रोहिणी, एक लोटा जल ले आ बेटी, ये तो अपने मालिक हैं, इनसे लज्जा कैसी? रोहिणी आई। वह उसके यौवन का प्रभात था, परिश्रम करने से उसकी एक-एक नस और मांस-पेशियाँ जैसे गढ़ी हुई हों। मैंने देखा, उसकी झुकी हुई पलकों से काली बरौनियाँ छितरा रही थीं और उन बरौनियों से जैसे करुणा की अदृश्य सरस्वती कितनी ही धाराओं में बह रही थी। मैं न जाने क्यों उद्विग्न हो उठा। अधिक काल तक वहाँ न ठहर सका। घर चला आया।

विजया का त्यौहार था। घर में गाना-बजाना हो रहा था। मैं अपनी श्रीमती के पास जा बैठा। उन्होंने कहा-सुनते हो?

मैंने कहा-दोनों कानों से।

श्रीमती ने कहा-यह रोहिणी बहुत अच्छा गाने लगी, और भी एक आश्चर्य की बात है; यह गीत बनाती भी है, गाती भी है। तुम्हारे गाँव की लड़कियाँ तो बड़ी गुनवती हैं। मैं 'हूँ' कहकर उठकर बाहर आने लगा; देखा तो रोहिणी जवारा लिये खड़ी है। मैंने सिर झुका दिया, यव की पतली-पतली लम्बी धानी पत्तियाँ मेरे कानों से अटका दी गई, मैं उसे बिना कुछ दिये बाहर चला आया।

पीछे से सुना कि इस धृष्टता पर मेरी माता जी ने उसे बहुत फटकारा; उसी दिन से कोट में उसका आना बन्द हुआ।

नन्दन बड़ा दु:खी हुआ। उसने भी आना बन्द कर दिया। एक दिन मैंने सुना, उसी की सहेलियाँ उससे मेरे सम्बन्ध में हँसी कर रही थीं। वह सहसा अत्यन्त उत्तेजित हो उठी और बोली-तो इसमें तुम लोगों का क्या? मैं मरती हूँ, प्यार करती हूँ उन्हें, तो तुम्हारी बला से।

सहेलियों ने कहा-बाप रे! इसकी ढिठाई तो देखो। वह और भी गरम होती गई। यहाँ तक उन लोगों ने रोहिणी को छेड़ा कि वह बकने लगी। उसी दिन से उसका बकना बन्द न हुआ। अब वह गाँव में पगली समझी जाती है। उसे अब लज्जा संकोच नहीं, जब जो आता है, गाती हुई घूमा करती है। सुन लिया तुमने, यही कहानी है, भला मैं उसे कैसे बुलाऊँ?

जीवनसिंह अपनी बात समाप्त करके चुप हो रहे और मैं कल्पना से फिर वही गाना सुनने लगा-

बरजोरी बसे हो नयनवां में।

सचमुच यह संगीत पास आने लगा। अब की सुनाई पड़ा-

मुरि मुसुक्याई पढय़ो कछु टोना,
गारी दियो किधों मनवाँ में,
बरजोरी बसे हो-

उस ग्रामीण भाँड़ भाषा में पगली के हृदय की सरल कथा थी-मार्मिक व्यथा थी। मैं तन्मय हो रहा था।

जीवनसिंह न जाने क्यों चञ्चल हो उठे। उठकर टहलने लगे। छत के नीचे गीत सुनाई पड़ रहा था।

खनकार भरी काँपती हुई तान हृदय खुरचने लगी। मैंने कहा-जीवन, उसे बुला लाओ, मैं इस प्रेमयोगिनी का दर्शन तो कर लूँ।

सहसा सीढिय़ों पर घमघमाहट सुनाई पड़ी, वही पगली रोहिणी आकर जीवन के सामने खड़ी हो गई।

पीछे-पीछे सिपाही दौड़ता हुआ आया। उसने कहा-हट पगली।

जीवन और हम चुप थे। उसने एक बार घूम कर सिपाही की ओर देखा। सिपाही सहम गया। पगली रोहिणी फिर गा उठी!

ढीठ! बिसारे बिसरत नाहीं
कैसे बसूँ जाय बनवाँ में,
बरजोरी बसे हो-

सहसा सिपाही ने कर्कश स्वर से फिर डाँटा। वह भयभीय हो जैसी भगी, या पीछे हटी मुझे स्मरण नहीं। परन्तु छत के नीचे गंगा के चन्द्रिका-रञ्जित प्रवाह में एक छपाका हुआ। हतबुद्धि जीवन देखते ही रहे। मैं ऊपर अनन्त की उस दौड़ को देखने लगा। रोहिणी चन्द्रमा का पीछा कर रही थी और नीचे छपाके से उठे हुए कितने ही बुदबुदों में प्रतिबिम्बित रोहिणी की किरणें विलीन हो रही थीं।

# विजया

कमल का सब रुपया उड़ चुका था-सब सम्पत्ति बिक चुकी थी। मित्रों ने खूब दलाली की, न्यास जहाँ रक्खा वहीं धोखा हुआ! जो उसके साथ मौज-मंगल में दिन बिताते थे, रातों का आनन्द लेते थे, वे ही उसकी जेब टटोलते थे। उन्होंने कहीं पर कुछ भी बाकी न छोड़ा। सुख-भोग के जितने आविष्कार थे, साधन भर सबका अनुभव लेने का उत्साह ठण्डा पड़ चुका था।

बच गया था एक रुपया।

युवक को उन्मत्त आनन्द लेने की बड़ी चाह थी। बाधा-विहीन सुख लूटने का अवसर मिला था-सब समाप्त हो गया। आज वह नदी के किनारे चुप-चाप बैठा हुआ उसी की धारा में विलीन हो जाना चाहता था। उस पार किसी की चिता जल रही थी, जो धूसर सन्ध्या में आलोक फैलाना चाहती थी। आकाश में बादल थे, उनके बीच में गोल रुपये के समान चन्द्रमा निकलना चाहता था। वृक्षों की हरियाली में गाँव के दीप चमकने लगे थे। कमल ने रुपया निकाला। उस एक रुपये से कोई विनोद न हो सकता। वह मित्रों के साथ नहीं जा सकता था। उसने सोचा, इसे नदी के जल में विसर्जन कर दूँ। साहस न हुआ-वही अन्तिम रुपया था। वह स्थिर दृष्टि से नदी की धारा देखने लगा, कानों से कुछ सुनाई न पड़ता था, देखने पर भी दृश्य का अनुभव नहीं-वह स्तब्ध था, जड़ था, मूक था, हृदयहीन था।

माँ कुलता दिला दे-दछमी देखने जाऊँगा।

मेरे लाल! मैं कहाँ से ले आऊँ-पेट-भर अन्न नहीं मिलता-नहीं-नहीं, रो मत-मैं ले आऊँगी; पर कैसे ले आऊँ? हा, उस छलिया ने मेरा सर्वस्व लूटा और कहीं का न रखा। नहीं-नहीं, मुझे एक लाल है! कंगाल का अमूल्य लाल। मुझे बहुत है। चलूँगी, जैसे होगा एक कुरता ख़रीदूँगी। उधार लूँगी। दसमी-विजया-दसमी के दिन मेरा लाल चिथड़ा पहन कर नहीं रह सकता।

पास ही जाते हुए माँ और बेटे की बात कमल के कान में पड़ी। वह उठकर उसके पास गया। उसने कहा-सुन्दरी!

बाबूजी! - आश्चर्य से सुन्दरी ने कहा-बालक ने भी स्वर मिलाकर कहा-बाबूजी!

कमल ने रुपया देते हुए कहा-सुन्दरी, यह एक ही रुपया बचा है, इसको ले जाओ। बच्चे को कुरता ख़रीद लेना। मैंने तुम्हारे साथ बड़ा अन्याय किया है, क्षमा करोगी?

बच्चे ने हाथ फैला दिया-सुन्दरी ने उसका नन्हा हाथ अपने हाथ में समेट कर कहा-नहीं, मेरे बच्चे के कुरते से अधिक आवश्यकता आपके पेट के लिए है। मैं सब जानती हूँ।

मेरा-आज अन्त होगा, अब मुझे आवश्यकता नहीं-ऐसे पापी जीवन को रखकर क्या होगा! सुन्दरी! मैंने तुम्हारे ऊपर बड़ा अत्याचार किया है, क्षमा करोगी! आह! इस अन्तिम रुपये को लेकर मुझे क्षमा कर दो। यह एक ही सार्थक हो जाय!

आज तुम अपने पाप का मूल्य दिया चाहते हो-वह भी एक रुपया?

और एक फूटी कौड़ी भी नहीं है, सुन्दरी! लाखों उड़ा दिया है-मैं लोभी नहीं हूँ।

विधवा के सर्वस्व का इतना मूल्य नहीं हो सकता।

मुझे धिक्कार दो, मुझ पर थूको।

इसकी आवश्यकता नहीं-समाज से डरो मत। अत्याचारी समाज पाप कह कर कानों पर हाथ रखकर चिल्लाता है; वह पाप का शब्द दूसरों को सुनाई पड़ता है; पर वह स्वयं नहीं सुनता। आओ चलो, हम उसे दिखा दें कि वह भ्रान्त है। मैं चार आने का परिश्रम प्रतिदिन करती हूँ। तुम भी सिलवर के गहने माँजकर कुछ कमा सकते हो। थोड़े से परिश्रम से हम लोग एक अच्छी गृहस्थी चला देंगे। चलो तो।

सुन्दरी ने दृढ़ता से कमल का हाथ पकड़ लिया।

बालक ने कहा-चलो न, बाबूजी!

कमल ने देखा-चाँदनी निखर आई है। उसने बालक के हाथ में रुपया रख कर उसे गोद में उठा लिया।

सम्पन्न अवस्था की विलास-वासना, अभाव के थपेड़े से पुण्य में परिणत हो गई। कमल पूर्वकथा विस्मृत होकर क्षण-भर में स्वस्थ हो गया। मन हलका हो गया। बालक उसकी गोद में था। सुन्दरी पास में; वह विजया दशमी का मेला देखने चला।

विजया के आशीर्वाद के समान चाँदनी मुस्करा रही थी।

# अमिट स्मृति

फाल्गुनी पूर्णिमा का चन्द्र गंगा के शुभ्र वक्ष पर आलोक-धारा का सृजन कर रहा था। एक छोटा-सा बजरा वसन्त-पवन में आन्दोलित होता हुआ धीरे-धीरे बह रहा था। नगर का आनन्द-कोलाहल सैकड़ों गलियों को पार करके गंगा के मुक्त वातावरण में सुनाई पड़ रहा था। मनोहरदास हाथ-मुँह धोकर तकिये के सहारे बैठ चुके थे। गोपाल ने ब्यालू करके उठते हुए पूछा- बाबूजी, सितार ले आऊँ?

आज और कल, दो दिन नहीं। - मनोहरदास ने कहा।

वाह! बाबूजी, आज सितार न बजा तो फिर बात क्या रही!

नहीं गोपाल, मैं होली के इन दो दिनों में न तो सितार ही बजाता हूँ और न तो नगर में ही जाता हूँ।

तो क्या आप चलेंगे भी नहीं, त्योहार के दिन नाव पर ही बीतेंगे, यह तो बड़ी बुरी बात है।

यद्यपि गोपाल बरस-बरस का त्योहार मनाने के लिए साधारणत: युवकों की तरह उत्कण्ठित था; परन्तु सत्तर बरस के बूढ़े मनोहरदास को स्वयं बूढ़ा कहने का साहस नहीं रखता। मनोहरदास का भरा हुआ मुँह, दृढ़ अवयव और बलिष्ठ अंग-विन्यास गोपाल के यौवन से अधिक पूर्ण था। मनोहरदास ने कहा- गोपाल! मैं गन्दी गालियों या रंग से भगता हूँ। इतनी ही बात नहीं, इसमें और भी कुछ है। होली इसी तरह बिताते मुझे पचास बरस हो गये।

गोपाल ने नगर में जाकर उत्सव देखने का कुतूहल दबाते हुए पूछा-ऐसा क्यों बाबूजी?

ऊँचे तकिये पर चित्त लेकर लम्बी साँस लेते हुए मनोहरदास ने कहना आरम्भ किया- हम और तुम्हारे बड़े भाई गिरिधरदास साथ-ही-साथ जवाहिरात का व्यवसाय करते थे। इस साझे का हाल तुम जानते ही हो। हाँ, तब बम्बई की दूकान न थी और न तो आज-जैसी रेलगाड़ियों का जाल भारत में बिछा था; इसलिए रथों और इक्कों पर भी लोग लम्बी-लम्बी यात्रायें करते। विशाल सफेद अजगर-सी पड़ी हुई उत्तरीय भारत की वह सड़क, जो बंगाल से काबुल तक पहुँचती है सदैव पथिकों से भरी रहती थी। कहीं-कहीं बीच में दो-चार कोस की निर्जनता मिलती, अन्यथा प्याऊ, बनिये की दूकानें, पड़ाव और सरायों से भरी हुई इस सड़क पर बड़ी चहल-पहल रहती। यात्रा के लिए प्रत्येक स्थान में घण्टे में दस कोस जानेवाले इक्के तो बहुतायत से मिलते। बनारस इसमें विख्यात था।

हम और गिरिधरदास होलिकादाह का उत्सव देखकर दस बजे लौटे थे कि प्रयाग के एक व्यापारी का पत्र मिला। इसमें लाखों के माल बिक जाने की आशा थी और कल तक ही वह व्यापारी प्रयाग में ठहरेगा। उसी समय इक्केवान को बुलाकर सहेज दिया और हम लोग ग्यारह बजे सो गये। सूर्य की किरणें अभी न निकली थी; दक्षिण पवन से पत्तियाँ अभी जैसे झूम रही थीं, परन्तु हम लोग इक्के पर बैठकर नगर को कई कोस पीछे छोड़ चुके थे। इक्का बड़े वेग में जा रहा था। सड़क के दोनो ओर लगे हुए आम की मञ्जरियों की सुगन्ध तीव्रता से नाक में घुस कर मादकता उत्पन्न कर रही थी। इक्केवान की बगल में बैठे हुए रघुनाथ महाराज ने कहा-सरकार बड़ी ठण्ड है।

कहना न होगा कि रघुनाथ महाराज बनारस के एक नामी लठैत थे। उन दिनों ऐसी यात्राओं में ऐसे मनुष्यों का रखना आवश्यक समझा जाता था।

सूर्य बहुत ऊपर आ चुके थे, मुझे प्यास लगी थी। तुम तो जानते ही हो, मैं दोनो बेला बूटी छानता हूँ। आमों की छाया में एक छोटा-सा कुँआ दिखाई पड़ा, जिसके ऊपर मुरेरेदार पक्की छत थी और नीचे चारों ओर दालानें थीं। मैंने इक्का रोक देने को कहा। पूरब वाली दालान में एक बनिये की दूकान थी, जिसपर गुड़, चना, नमक, सत्तू आदि बिकते थे। मेरे झोले में सब आवश्यक सामान थे। सीढ़ियों से चढ़ कर हम लोग ऊपर पहुँचे। सराय यहाँ से दो कोस और गाँव कोस भर पर था। इस रमणीय स्थान को देखकर विश्राम करने की इच्छा होती थी। अनेक पक्षियों की मधुर बोलियों से मिलकर पवन जैसे सुरीला हो उठा। ठण्डई बनने लगी। पास ही एक नीबू का वृक्ष खूब फूला हुआ था। रघुनाथ ने बनिये से हांड़ी लेकर कुछ फूलों को भिगो दिया। ठण्डई तैयार होते-होते उसकी महक से मन मस्त हो गया। चाँदी के गिलास झोली से बाहर निकाले गये; पर रघुनाथ ने कहा-सरकार, इसकी बहार तो पुरवे में है। बनिये को पुकारा। वह तो था नहीं, एक धीमा स्वर सुनाई पड़ा-क्या चाहिए?

पुरवे दे जाओ!

थोड़ी ही देर में एक चौदह वर्ष की लडक़ी सीढ़ियों से ऊपर आती हुई नजर पड़ी। सचमुच वह सालू की छींट पहने एक देहाती लडक़ी थी, कल उसकी भाभी ने उसके साथ खूब गुलाल खेला था, वह जगी भी मालूम पड़ती थी-मदिरा-मन्दिर के द्वार-सी खुली हुई आँखों में गुलाल की गरद उड़ रही थी। पलकों के छज्जे और बरौनियों की चिकों पर भी गुलाल की बहार थी। सरके हुए घूँघट से जितनी अलकें दिखलाई पड़तीं, वे सब रँगी थीं। भीतर से भी उस सरला को कोई रंगीन बनाने लगा था। न जाने क्यों, इस छोटी अवस्था में ही वह चेतना से ओत-प्रोत थी। ऐसा मालूम होता था कि स्पर्श का मनोविकारमय अनुभव उसे सचेष्ट बनाये रहता, तब भी उसकी आँखे धोखा खाने ही पर ऊपर उठतीं। पुरवा रखने ही भर में उसने अपने कपड़ों को दो-तीन बार ठीक किया, फिर पूछा-और कुछ चाहिए? मैं मुस्करा कर रह गया। उस वसन्त के प्रभाव में सब लोग वह सुस्वादु और सुगन्धित ठण्डई धीरे-धीरे पी रहे थे और मैं साथ-ही-साथ अपनी आँखों से उस बालिका के यौवनोन्माद की माधुरी भी पी रहा था। चारों ओर से नीबू के फूल और आमों की मञ्जरियों की सुगन्ध आ रही थी। नगरों से दूर देहातों से अलग कुँए की वह छत संसार में जैसे सबसे ऊँचा स्थान था। क्षण भर के लिए जैसे उस स्वप्न-लोक में एक अप्सरा आ गई हो। सड़क पर एक बैलगाड़ी वाला बन्डलों से टिका हुआ आँखे बन्द किये हुए बिरहा गाता था। बैलों के हाँकने की जरूरत नहीं थी। वह अपनी राह पहचानते थे। उसके गाने में उपालम्भ था, आवेदन था। बालिका कमर पर हाथ रक्खे हुए बड़े ध्यान से उसे सुन रही थी। गिरिधरदास और रघुनाथ महाराज हाथ-मुँह धो आये; पर मैं वैसे ही बैठा रहा। रघुनाथ महाराज उजड्डु तो थे ही; उन्होंने हँसते हुए पूछा- क्या दाम नहीं मिला?

गिरिधरदास भी हँस पड़े। गुलाब से रंगी हुई उस बालिका की कनपटी और भी लाल हो गई। वह जैस सचेत-सी होकर धीरे-धीरे सीढ़ी से उतरने लगी। मैं भी जैसे तन्द्रा से चौंक उठा और सावधान होकर पान की गिलौरी मुँह में रखता हुआ इक्के पर आ बैठा। घोड़ा अपनी चाल से चला। घण्टे-डेढ़ घण्टे में हम लोग प्रयाग पहुँच गये। दूसरे दिन जब हम लोग लौटे, तो देखा कि उस कुएँ की दालान में बनिये की दूकान नहीं है। एक मनुष्य पानी पी रहा था, उससे पूछने पर मालूम हुआ कि गाँव में एक भारी दुर्घटना हो गयी है। दोपहर को धुरहट्टा खेलने के समय नशे में रहने के कारण कुछ लोगों में दंगा हो गया। वह बनिया भी उन्हीं में था। रात को उसी के मकान पर डाका पड़ा। वह तो मार ही डाला गया, पर उसकी लडक़ी का भी पता नहीं।

रघुनाथ ने अक्खड़पन से कहा-अरे, वह महालक्ष्मी ऐसी ही रहीं। उनके लिए जो कुछ न हो जाय, थोड़ा है।

रघुनाथ की यह बात मुझे बहुत बुरी लगी। मेरी आँखों के सामने चारों ओर जैसे होली जलने लगी। ठीक साल भर बाद वही व्यापारी प्रयाग आया और मुझे फिर उसी प्रकार जाना पड़ा। होली बीत चुकी थी, जब मैं प्रयाग से लौट रहा था, उसी कुएँ पर ठहरना पड़ा। देखा तो एक विकलांग दरिद्र

युवती उसी दालान में पड़ी थी। उसका चलना-फिरना असम्भव था। जब मैं कुएँ पर चढ़ने लगा, तो उसने दाँत निकालकर हाथ फैला दिया। मैं पहचान गया-साल भर की घटना सामने आ गयी। न जाने उस दिन मैं प्रतिज्ञा कर बैठा कि आज से होली न खेलूँगा।

वह पचास बरस की बीती हुई घटना आज भी प्रत्येक होली में नई होकर सामने आती है। तुम्हारे बड़े भाई गिरिधर ने मुझे कई बार होली मनाने का अनुरोध किया, पर मैं उनसे सहमत न हो सका और मैं अपने हृदय के इस निर्बल पक्ष पर अभी तक दृढ़ हूँ। समझा न, गोपाल! इसलिए मैं ये दो दिन बनारस के कोलाहल से अलग नाव पर ही बिताता हूँ।

# नीरा

अब और आगे नहीं, इस गन्दगी में कहाँ चलते हो, देवनिवास?

थोड़ी दूर और—कहते हुए देवनिवास ने अपनी साइकिल धीमी कर दी; किन्तु विरक्त अमरनाथ ने बेरक दबाकर ठहर जाना ही उचित समझा। देवनिवास आगे निकल गया। मौलसिरी का वह सघन वृक्ष था, जो पोखरे के किनारे अपनी अन्धकारमयी छाया डाल रहा था। पोखरे से सड़ी हुई दुर्गन्ध आ रही थी। देवनिवास ने पीछे घूमकर देखा, मित्र को वहीं रुका देखकर वह लौट रहा था। उसकी साइकिल का लैम्प बुझ चला था। सहसा धक्का लगा, देवनिवास तो गिरते-गिरते बचा, और एक दुर्बल मनुष्य 'अरे राम' कहता हुआ गिरकर भी उठ खड़ा हुआ। बालिका उसका हाथ पकड़कर पूछने लगी—कहीं चोट तो नहीं लगी, बाबा?

नहीं बेटी! मैं कहता न था, मुझे मोटरों से उतना डर नहीं लगता, जितना इस बे-दुम जानवर 'साइकिल' से। मोटर वाले तो दूसरों को ही चोट पहुँचाते हैं, पैदल चलने वालों को कुचलते हुए निकल जाते हैं पर ये बेचारे तो आप भी गिर पड़ते हैं। क्यों बाबू साहब, आपको तो चोट नहीं लगी? हम लोग तो चोट-घाव सह सकते हैं।

देवनिवास कुछ झेंप गया था। उसने बूढ़े से कहा—आप मुझे क्षमा कीजिए। आपको....

क्षमा—मैं करूँ? अरे, आप क्या कह रहे हैं! दो-चार हण्टर आपने नहीं लगाये। घर भूल गये, हण्टर नहीं ले आये! अच्छा महोदय! आपको कष्ट हुआ न, क्या करूँ, बिना भीख माँगे इस सर्दी में पेट गालियाँ देने लगता है! नींद भी नहीं आती, चार-छः पहरों पर तो कुछ-न-कुछ इसे देना ही पड़ता है! और भी मुझे एक रोग है। दो पैसों बिना वह नहीं छूटता—पढ़ने के लिए अखबार चाहिए; पुस्तकालयों में चिथड़े पहनकर बैठने न पाऊँगा, इसलिए नहीं जाता। दूसरे दिन का बासी समाचार-पत्र दो पैसों में ले लेता हूँ!

अमरनाथ भी पास आ गया था। उसने यह काण्ड देखकर हँसते हुए कहा—देवनिवास! मैं मना करता था न! तुम अपनी धुन में कुछ सुनते भी हो। चले तो फिर चले, और रुके तो अड़ियल टट् भी झक मारे! क्या उसे कुछ चोट आ गई है? क्यों बूढ़े! लो, यह अठन्नी है। जाओ अपनी राह, तनिक देखकर चला करो!

बूढ़ा मसखरा भी था। अठन्नी लेते हुए उसने कहा—देखकर चलता, तो यह अठन्नी कैसे मिलती! तो भी बाबूजी, आप लोगों की जेब में अखबार होगा। मैंने देखा है, बाइसिकिल पर चढ़े हुए बाबुओं की पाकेट में निकला हुआ कागज का मुट्ठा; अखबार ही रहता होगा।

चलो बाबा, झोपड़ी में, सर्दी लगती है।—यह छोटी-सी बालिका अपने बाबा को जैसे इस तरह बातें करते हुये देखना नहीं चाहती थी। वह संकोच में डूबी जा रही थी। देवनिवास चुप था। बूढ़े को जैसे तमाचा लगा। वह अपने दयनीय और घृणित भिक्षा-व्यवसाय को बहुधा नीरा से छिपाकर, बनाकर कहता। उसे अखबार सुनाता। और भी न जाने क्या-क्या ऊँची-नीची बातें बका करता; नीरा जैसे सब समझती थी! वह कभी बूढ़े से प्रश्न नहीं करती थी। जो कुछ वह कहता, चुपचाप सुन लिया करती थी। कभी-कभी बुड्ढा झुँझला कर चुप हो जाता, तब भी वह चुप रहती। बूढ़े को आज ही नीरा

ने झोपड़ी में चलने के लिए कहकर पहले-पहल मीठी झिड़की दी। उसने सोचा कि अठन्नी पाने पर भी अखबार माँगना नीरा न सह सकी।

अच्छा तो बाबूजी, भगवान् यदि कोई हों, तो आपका भला करें—बुड्ढा लड़की का हाथ पकड़कर मौलसिरी की ओर चला। देवनिवास सन्न था। अमरनाथ ने अपनी साइकिल के उज्जवल आलोक में देखा; नीरा एक गोरी-सी, सुन्दरी, पतली-दुबली करुणा की छाया थी। दोनों मित्र चुप थे। अमरनाथ ने ही कहा—अब लौटोगे कि यहीं गड़ गये!

तुमने कुछ सुना, अमरनाथ! वह कहता था—भगवान यदि कोई हों—कितना भयानक अविश्वास! देवनिवास ने साँस लेकर कहा।

दरिद्रता और लगातार दुःखों से मनुष्य अविश्वास करने लगता है, निवास! यह कोई नयी बात नहीं है—अमरनाथ ने चलने की उत्सुकता दिखाते हुए कहा।

किन्तु देवनिवास तो जैस आत्मविस्मृत था। उसने कहा—सुख और सम्पत्ति से क्या ईश्वर का विश्वास अधिक होने लगता है? क्या मनुष्य ईश्वर को पहचान लेता है? उसकी व्यापक सत्ता को मलिन वेष में देखकर दुरदुराता नहीं—ठुकराता नहीं, अमरनाथ! अबकी बार 'आलोचक' के विशेषांक में तुमने लौटे हुए प्रवासी कुलियों के सम्बन्ध में एक लेख लिखा था न! वह सब कैसे लिखा था?

अखबारों के आँकड़े देखकर। मुझे ठीक-ठीक स्मरण है। कब, किस द्वीप से कौन-कौन स्टीमर किस तारीख में चले। 'सतलज', 'पण्डित' और 'एलिफैण्टा' नाम के स्टीमरों पर कितने-कितने कुली थे, मुझे ठीक-ठीक मालूम था, और?

और वे सब कहाँ हैं?

सुना है, इसी कलकत्ते के पास कहीं मटियाबुर्ज है, वही अभागों का निवास है। अवध के नवाब का विलास या प्रायश्चित्त-भवन भी तो मटियाबुर्ज ही रहा। मैंने उस लेख में भी एक व्यंग इस पर बड़े मार्के का दिया है। चलो, खड़े-खड़े बातें करने की जगह नहीं। तुमने तो कहा था कि आज जनाकीर्ण कलकत्ते से दूर तुमको एक अच्छी जगह दिखाऊँगा। यहीं...।

यही मटियाबुर्ज है। —देवनिवास ने बड़ी गम्भीरता से कहा। और अब तुम कहोगे कि वह बुड्ढा वहीं से लौटा हुआ कोई कुली है।

हो सकता है, मुझे नहीं मालूम। अच्छा, चलो अब लौटें। —कहकर अमरनाथ ने अपनी साइकिल को धक्का दिया।

देवनिवास ने कहा—चलो उसकी झोपड़ी तक, मैं उससे कुछ बात करूँगा।

अनिच्छापूर्वक 'चलो' कहते हुए अमरनाथ ने मौलसिरी की ओर साइकिल घुमा दी। साइकिल के तीव्र आलोक में झोपड़ी के भीतर का दृश्य दिखाई दे रहा था। बुड्ढा मनोयोग से लाई फाँक रहा था और नीरा भी कल की बची हुई रोटी चबा रही थी। रूखे ओठों पर दो-एक दाने चिपक गये थे, जो उस दरिद्र मुख में जाना अस्वीकार कर रहे थे। लुक फेरा हुआ टीन का गिलास अपने खुरदरे रंग का नीलापन नीरा की आँखों में उँड़ेल रहा था। आलोक एक उज्जवल सत्य है, बन्द आँखों में भी उसकी सत्ता छिपी नहीं रहती। बुड्ढे ने आँखे खोल कर दोनों बाबुओं को देखा। वह बोल उठा—बाबूजी! आप अखबार देने आये हैं? मैं अभी पथ्य ले रहा था; बीमार हूँ न, इसी से लाई खाता हूँ, बड़ी नमकीन होती है। अखबार वाले को कभी-कभी नमकीन बातों का स्वाद दे देते हैं! इसी से तो, बेचारे कितनी दूर-दूर की बातें सुनते हैं। जब मैं 'मोरिशस' में था, तब हिन्दुस्तान की बातें पढ़ा करता था। मेरा देश सोने का है, ऐसी भावना जग उठी थी। अब कभी-कभी उस टापू की बातें पढ़ पाता हूँ, तब यह मिट्टी मालूम पड़ता है; पर सच कहता हूँ बाबूजी, 'मोरिशस' में अगर गोली न चली होती और 'नीरा' की माँ न मरी होती...हाँ, गोली से ही वह मरी थी... तो मैं अब तक वहीं से जन्मभूमि का सोने का सपना देखता; और

इस अभागे देश! नहीं-नहीं बाबूजी, मुझे यह कहने का अधिकार नहीं। मैं हूँ अभागा! हाय रे भाग!!

'नीरा' घबरा उठी थी। उसने किसी तरह दो घूँट जल गले से उतार कर इन लोगों की ओर देखा। उसकी आँखे कह रही थीं कि 'आओ, मेरी दरिद्रता का स्वाद लेनेवाले धनी विचारकों! और सुख तो तुम्हें मिलते ही हैं, एक न सही!'

अपने पिता को बातें करते देखकर वह घबरा उठती थी। वह डरती थी कि बुड्ढा न-जाने क्या-क्या कह बैठेगा। देवनिवास चुपचाप उसका मुँह देखने लगा।

नीरा बालिका न थी। स्त्रीत्व के सब व्यंजन थे, फिर भी जैसे दरिद्रता के भीषण हाथों ने उसे दबा दिया था, वह सीधी ऊपर नहीं उठने पाई।

क्या तुमको ईश्वर में विश्वास नहीं है?—अमरनाथ ने गम्भीरता से पूछा।

'आलोचक' में एक लेख मैंने पढ़ा था! वह इसी प्रकार के उलाहने से भरा था, कि 'वर्तमान जनता में ईश्वर के प्रति अविश्वास का भाव बढ़ता जा रहा है, और इसीलिए वह दुखी है।' यह पढ़कर मुझे तो हँसी आ गई। बुड्ढे ने अविचल भाव से कहा।

हँसी आ गई! कैसे दुःख की बात है। —अमरनाथ ने कहा।

दुःख की बात सोच कर ही तो हँसी आ गई। हम मूर्ख मनुष्यों ने त्राण की—शरण की—आशा से ईश्वर पर पूर्वकाल में विश्वास किया था, परस्पर के विश्वास और सद्भाव को ठुकराकर। मनुष्य, मनुष्य का विश्वास नहीं कर सका; इसीलिए तो एक सुखी दूसरे दुखी की ओर घृणा से देखता था। दुखी ने ईश्वर का अवलम्बन लिया, तो भी भगवान् ने संसार के दुखों की सृष्टि बन्द कर दी क्या? मनुष्य के बूते का न रहा, तो क्या वह भी...? कहते-कहते बूढ़े की आँखों से चिनगारियाँ निकलने लगीं; किन्तु वे अग्निकण गलने लगे और उसके कपोलों के गढ़े में वह द्रव इकट्ठा होने लगा।

अमरनाथ क्रोध से बुड्ढे को देख रहा था; किन्तु देवनिवास उस मलिना नीरा की उत्कण्ठा और खेद-भरी मुखाकृति का अध्ययन कर रहा था।

आपको क्रोध आ गया, क्यों महाशय! आने की बात ही है। ले लीजिये अपनी अठन्नी। अठन्नी देकर ईश्वर में विश्वास नहीं कराया जाता। उस चोट के बारे में पुलिस से जाकर न कहने के लिए भी अठन्नी की आवश्यकता नहीं। मैं यह मानता हूँ कि सृष्टि विषमता से भरी है, चेष्टा करके भी इसमें आर्थिक या शारीरिक साम्य नहीं लाया जा सकता। हाँ, तो भी ऐश्वर्यवालों को, जिन पर भगवान् की पूर्ण कृपा है, अपनी सहृदयता से ईश्वर का विश्वास कराने का प्रयत्न करना चाहिए। कहिए, इस तरह भगवान् की समस्या सुलझाने के लिए आप प्रस्तुत हैं?

इस बूढ़े नास्तिक और तार्किक से अमरनाथ को तीव्र विरक्ति हो चली थी। अब वह चलने के लिए देवनिवास से कहनेवाला था; किन्तु उसने देखा, वह तो झोपड़ी में आसन जमाकर बैठ गया है।

अमरनाथ को चुप देखकर देवनिवास ने बूढ़े से कहा—अच्छा, तो आप मेरे घर चलकर रहिए। सम्भव है कि मैं आपकी सेवा कर सकूँ। तब आप विश्वासी बन जायँ, तो कोई आश्चर्य नहीं।

इस बार तो वह बुड्ढा बुरी तरह देवनिवास को घूरने लगा। निवास वह तीव्र दृष्टि सह न सका। उसने समझा कि मैंने चलने के लिए कहकर बूढ़े को चोट पहुँचाई है। वह बोल उठा—क्या आप....?

ठहरो भाई! तुम बड़े जल्दबाज मालूम होते हो—बूढ़े ने कहा। क्या सचमुच तुम मेरी सेवा किया चाहते हो या....?

अब बूढ़ा नीरा की ओर देख रहा था और नीरा की आँखे बूढ़े को आगे न बोलने की शपथ दिला रही थीं; किन्तु उसने फिर कहा ही—या नीरा को, जिसे तुम बड़ी देर से देख रहे हो, अपने घर लिवा जाने की बड़ी उत्कण्ठा है! क्षमा करना! मैं अविश्वासी हो गया हूँ न! क्यों, जानते हो? जब कुलियों

के लिए इसी सीली, गन्दी और दुर्गन्धमयी भूमि में एक सहानुभूति उत्पन्न हुई थी, तब मुझे यह कटु अनुभव हुआ था कि वह सहानुभूति भी चिरायँध से खाली न थी। मुझे एक सहायक मिले थे और मैं यहाँ से थोड़ी दूर पर उनके घर रहने लगा था।

नीरा से अब न रहा गया। वह बोल उठी—बाबा, चुप न रहोगे; खाँसी आने लगेगी।

ठहर नीरा! हाँ तो महाशय जी, मैं उनके घर रहने लगा था। और उन्होंने मेरा आतिथ्य साधारणत: अच्छा ही किया। एक ऐसी ही काली रात थी। बिजली बादलों में चमक रही थी और मैं पेट भरकर उस ठण्डी रात में सुख की झपकी लेने लगा था। इस बात को बरसों हुए; तो भी मुझे ठीक स्मरण है कि मैं जैसे भयानक सपना देखता हुआ चौंक उठा। नीरा चिल्ला रही थी! क्यों नीरा?

अब नीरा हताश हो गई थी और उसने बूढ़े को रोकने का प्रयत्न छोड़ दिया था। वह एकटक बूढ़े का मुँह देख रही थी।

बूढ़े ने फिर कहना आरम्भ किया—हाँ तो नीरा चिल्ला रही थी। मैं उठकर देखता हूँ, तो मेरे वह परम सहायक महाशय इसी नीरा को दोनों हाथ से पकड़कर घसीट रहे थे और यह बेचारी छूटने का व्यर्थ प्रयत्न कर रही थी। मैंने अपने दोनों दुर्बल हाथों को उठाकर उस नीच उपकारी के ऊपर दे मारा। वह नीरा को छोड़कर 'पाजी, बदमाश, निकल मेरे घर से' कहता हुआ मेरा अकिंचन सामान बाहर फेंकने लगा। बाहर ओले-सी बूँदें पड़ रही थीं और बिजली कौंधती थी। मैं नीरा को लिये सर्दी से दाँत किटकिटाता हुआ एक ठूँठे वृक्ष के नीचे रात भर बैठा रहा। उस समय वह मेरा ऐश्वर्यशाली सहायक बिजली के लैम्पों में मुलायम गद्दे पर सुख की नींद सो रहा था। यद्यपि मैं उसे लौटकर देखने नहीं गया, तो भी मैं निश्चयपूर्वक कहता हूँ कि उसके सुख में किसी प्रकार की बाधा उपस्थित करने का दण्ड देने के लिए भगवान् का न्याय अपने भीषण रूप में नहीं प्रकट हुआ। मैं रोता था—पुकारता था; किन्तु वहाँ सुनता कौन है!

तुम्हारा बदला लेने के लिए भगवान् नहीं आये, इसीलिए तुम अविश्वास करने लगे! लेखकों की कल्पना का साहित्यिक न्याय तुम सर्वत्र प्रत्यक्ष देखना चाहते हो न! निवास ने तत्परता से कहा।

क्यों न मैं ऐसा चाहता? क्या मुझे इतना भी अधिकार न था?

तुम समाचार-पत्र पढ़ते हो न?

अवश्य!

तो उसमें कहानियाँ भी कहीं-कहीं पढ़ लेते होगे और उनकी आलोचनाएँ भी?

हाँ, तो फिर!

जैसे एक साधारण आलोचक प्रत्येक लेखक से अपने मन की कहानी कहलाया चाहता है और हठ करता है कि नहीं, यहाँ तो ऐसा न होना चाहिए था; ठीक उसी तरह तुम सृष्टिकर्ता से अपने जीवन की घटनावली अपने मनोनुकूल सही कराना चाहते हो। महाशय! मैं भी इसका अनुभव करता हूँ कि सर्वत्र यदि पापों का भीषण दण्ड तत्काल ही मिल जाया करता, तो यह सृष्टि पाप करना छोड़ देती। किन्तु वैसा नहीं हुआ। उलटे यह एक व्यापक और भयानक मनोवृत्ति बन गई है कि मेरे कष्टों का कारण कोई दूसरा है। इस तरह मनुष्य अपने कर्मों को सरलता से भूल सकता है। क्या तुमने अपने अपराधों पर विचार किया है?

निवास बड़े वेग में बोल रहा था। बुड्ढा, न जाने क्यों काँप उठा। साइकिल का तीव्र आलोक उसके विकृत मुख पर पड़ रहा था। बूढ़े का सिर धीरे-धीरे नीचे झुकने लगा। नीरा चौंक उठी और एक फटा-सा कम्बल उस बुड्ढे को ओढ़ाने लगी। सहसा बुड्ढे ने सिर उठाकर कहा—मैं इसे मान लेता हूँ कि आपके पास बड़ी अच्छी युक्तियाँ हैं और वर्तमान दशा का कारण आप मुझे ही प्रमाणित कर सकते हैं। किन्तु वृक्ष के नीचे पुआल से ढँकी हुई मेरी झोपड़ी को और उसमें पड़े हुए अनाहार, सर्दी

और रोगों से जीर्ण मुझ अभागे को मेरा ही भ्रम बताकर आप किसी बड़े भारी सत्य का आविष्कार कर रहे हैं, तो कीजिए। जाइए, मुझे क्षमा कीजिए।

देवनिवास कुछ बोलने ही वाला था कि नीरा ने दृढ़ता से कहा—आप लोग क्यों बाबा को तंग कर रहे हैं? अब उन्हें सोने दीजिए।

निवास ने देखा कि नीरा के मुख पर आत्मनिर्भरता और सन्तोष की गम्भीर शान्ति है। स्त्रियों का हृदय अभिलाषाओं का, संसार के सुखों का, क्रीड़ास्थल हैं; किन्तु नीरा का हृदय, नीरा का मस्तिष्क इस किशोर अवस्था में ही कितना उदासीन और शान्त है। वह मन-ही-मन नीरा के सामने प्रणत हुआ।

दोनों मित्र उस झोपड़ी से निकले। रात अधिक बीत चली थी। वे कलकत्ता महानगरी की घनी बस्ती में धीरे-धीरे साइकिल चलाते हुए घुसे। दोनों का हृदय भारी था। वे चुप थे।

देवनिवास का मित्र कच्चा नागरिक नहीं था। उसको अपने आँकड़ों का और उनके उपयोग पर पूरा विश्वास था। वह सुख और दुःख, दरिद्रता और विभव, कटुता और मधुरता की परीक्षा करता। जो उसके काम के होते, उन्हें सम्हाल लेता; फिर अपने मार्ग पर चल देता। सार्वजनिक जीवन का ढोंग रचने में वह पूरा खिलाड़ी था। देवनिवास के आतिथ्य का उपभोग करके अपने लिए कुछ मसाला जुटाकर वह चला गया।

किन्तु निवास की आँखों में, उस रात्रि में बूढ़े की झोपड़ी का दृश्य, अपनी छाया ढालता ही रहा। एक सप्ताह बीतने पर वह फिर उसी ओर चला।

झोपड़ी में बुड्ढा पुआल पर पड़ा था। उसकी आँखें कुछ बड़ी हो गई थीं, ज्वर से लाल थीं। निवास को देखते ही एक रुग्ण हँसी उसके मुँह पर दिखाई दी। उसने धीरे से पूछा—बाबूजी, आज फिर.....।

नहीं, मैं वाद-विवाद करने नहीं आया हूँ। तुम क्या बीमार हो?

हाँ, बीमार हूँ बाबूजी, और यह आपकी कृपा है।

मेरी?

हाँ, उसी दिन से आपकी बातें मेरे सिर में चक्कर काटने लगी हैं। मैं ईश्वर पर विश्वास करने की बात सोचने लगा हूँ। बैठ जाइए, सुनिये।

निवास बैठ गया था। बुड्ढे ने फिर कहना आरम्भ किया—मैं हिन्द हूँ। कुछ सामान्य पूजा-पाठ का प्रभाव मेरे हृदय पर पड़ा रहा, जिन्हे मैं बाल्यकाल में अपने घर पर्वो और उत्सवों पर देख चुका था। मुझे ईश्वर के बारे में कभी कुछ बताया नहीं गया। अच्छा, जाने दीजिए, वह मेरी लम्बी कहानी है, मेरे जीवन की संसार से झगड़ते रहने की कथा है। अपनी घोर आवश्यकताओं से लड़ता-झगड़ता मैं कुली बन कर 'मोरिशस' पहुँचा। वहाँ 'कुलसम' से, नीरा की माँ से, मुझसे भेंट हो गई। मेरा उसका ब्याह हो गया। आप हँसिए मत, कुलियों के लिए वहाँ किसी काजी या पुरोहित की उतनी आवश्यकता नहीं। हम दोनों को एक दूसरे की आवश्यकता थी। 'कुलसम' ने मेरा घर बसाया। पहिले वह चाहे जैसी रही—किन्तु मेरे साथ सम्बन्ध होने के बाद से आजीवन वह एक साध्वी गृहिणी बनी रही। कभी-कभी वह अपने ढंग पर ईश्वर का विचार करती और मुझे भी इसके लिए प्रेरित करती; किन्तु मेरे मन में जितना 'कुलसम' के प्रति आकर्षण था, उतना ही उसके ईश्वर सम्बन्धी-विचारों से विद्रोह। मैं कुलसम के ईश्वर को तो कदापि नही समझ सका। मैं पुरुष होने की धारणा से यह तो सोचता, था कि 'कुलसम' वैसा ही ईश्वर माने जैसा उसे मैं समझ सकूँ और वह मेरा ईश्वर हिन्द हो! क्योंकि मैं सब छोड़ सकता था, लेकिन हिन्द होने का दम्भपूर्ण विचार मेरे मन में दृढ़ता से जम गया था; तो भी समझदार 'कुलसम' के सामने ईश्वर की कल्पना अपने ढंग की उपस्थित करने का मेरे पास कोई साधन न था। मेरे मन ने ढोंग किया कि मैं नास्तिक हो जाऊँ। जब कभी ऐसा अवसर आता, मैं 'कुलसम' के विचारों

की खिल्ली उड़ाता हुआ हँसकर कह देता—'मेरे लिए तो तुम्हीं ईश्वर हो, तुम्हीं खुदा हो, तुम्हीं सब कुछ हो।' वह मुझे चापलूसी करते हुए देखकर हँस देती थी, किन्तु उसका रोआँ-रोआँ रोने लगता।

मैं अपनी गाढ़ी कमाई के रुपये को शराब के प्याले में गलाकर मस्त रहता! मेरे लिए वह भी कोई विशेष बात न थी, न तो मेरे लिए आस्तिक बनने में ही कोई विशेषता थी। धीरे-धीरे मैं उच्छृंखल हो गया। कुलसम रोती, बिलखती और मुझे समझाती; किन्तु मुझे ये सब बातें व्यर्थ की-सी जान पड़तीं। मैं अधिक अविचारी हो उठा। मेरे जीवन का वह भयानक परिवर्तन बड़े वेग से आरम्भ हुआ। कुलसम उस कष्ट को सहन करने के लिए जीवित न रह सकी। उस दिन जब गोली चली थी, तब कुलसम के वहाँ जाने की आवश्यकता न थी। मैं सच कहता हूँ बाबूजी, वह आत्महत्या करने का उसका एक नया ढंग था। मुझे विश्वास होता है कि मैं ही इसका कारण था। इसके बाद मेरी वह सब उद्दण्डता तो नष्ट हो गई, जीवन की पूँजी जो मेरा निज का अभिमान था—वह भी चूर-चूर हो गया। मैं नीरा को लेकर भारत के लिए चल पड़ा। तब तक तो मैं ईश्वर के सम्बन्ध में एक उदासीन नास्तिक था; किन्तु इस दुःख ने मुझे विद्रोही बना दिया। मैं अपने कष्टों का कारण ईश्वर को ही समझने लगा और मेरे मन में यह बात जम गई कि यह मुझे दण्ड दिया गया है।

बुड्ढा उत्तेजित हो उठा था। उसका दम फूलने लगा, खाँसी आने लगी। नीरा मिट्टी के घड़े में जल लिये हुए झोपड़ी में आई। उसने देवनिवास को और अपने पिता को अन्वेषक दृष्टि से देखा। यह समझ लेने पर कि दोनों में से किसी के मुख पर कटुता नहीं है, वह प्रकृतिस्थ हुई। धीरे-धीरे पिता का सिर सहलाते हुए उसने पूछा—बाबा, लावा ले आई हूँ, कुछ खा लो।

बुड्ढे ने कहा—ठहरो बेटी! फिर निवास की ओर देखकर कहने लगा—बाबूजी, उस दिन भी जब नीरा के लिए मैंने भगवान् को पुकारा था, तब उसी कटुता से। सम्भव है, इसीलिए वे न आए हों। आज कई दिनों से मैं भगवान् को समझने की चेष्टा कर रहा हूँ। नीरा के लिए मुझे चिन्ता हो रही है। वह क्या करेगी? किसी अत्याचारी के हाथ पड़कर नष्ट तो न हो जायगी?

निवास कुछ बोलने ही को था कि नीरा कह उठी—बाबा, तुम मेरी चिन्ता न करो, भगवान् मेरी रक्षा करेंगे। निवास की अन्तरात्मा पुलकित हो उठी। बुड्ढे ने कहा—करेंगे बेटी? उसके मुख पर एक व्याकुल प्रसन्नता झलक उठी।

निवास ने बूढ़े की ओर देख कर विनीत स्वर में कहा—मैं नीरा से ब्याह करने के लिए प्रस्तुत हूँ। यदि तुम्हें— बूढ़े को अबकी खाँसी के साथ ढेर-सा रक्त गिरा, तो भी उसके मुँह पर सन्तोष और विश्वास की प्रसन्न-लीला खेलने लगी। उसने अपने दोनों हाथ निवास और नीरा पर फैलाकर रखते हुए कहा-हे मेरे भगवान्!

# पुरस्कार

आर्द्रा नक्षत्र; आकाश में काले-काले बादलों की घुमड़, जिसमें देव-दुन्दभी का गम्भीर घोष। प्राची के एक निरभ्र कोने से स्वर्ण-पुरुष झाँकने लगा था।-देखने लगा महाराज की सवारी। शैलमाला के अञ्चल में समतल उर्वरा भूमि से सोंधी बास उठ रही थी। नगर-तोरण से जयघोष हुआ, भीड़ में गजराज का चामरधारी शुण्ड उन्नत दिखायी पड़ा। वह हर्ष और उत्साह का समुद्र हिलोर भरता हुआ आगे बढ़ने लगा।

प्रभात की हेम-किरणों से अनुरञ्जित नन्ही-नन्ही बूँदों का एक झोंका स्वर्ण-मल्लिका के समान बरस पड़ा। मंगल सूचना से जनता ने हर्ष-ध्वनि की।

रथों, हाथियों और अश्वारोहियों की पंक्ति जम गई। दर्शकों की भीड़ भी कम न थी। गजराज बैठ गया, सीढ़ियों से महाराज उतरे। सौभाग्यवती और कुमारी सुन्दरियों के दो दल, आम्रपल्लवों से सुशोभित मंगल-कलश और फूल, कुंकुम तथा खीलों से भरे थाल लिए, मधुर गान करते हुए आगे बढ़े।

महाराज के मुख पर मधुर मुस्क्यान थी। पुरोहित-वर्ग ने स्वस्त्ययन किया। स्वर्ण-रञ्जित हल की मूठ पकड़ कर महाराज ने जुते हुए सुन्दर पुष्ट बैलों को चलने का संकेत किया। बाजे बजने लगे। किशोरी कुमारियों ने खीलों और फूलों की वर्षा की।

कोशल का यह उत्सव प्रसिद्ध था। एक दिन के लिए महाराज को कृषक बनना पड़ता-उस दिन इंद्र-पूजन की धूम-धाम होती; गोठ होती। नगर-निवासी उस पहाड़ी भूमि में आनन्द मनाते। प्रतिवर्ष कृषि का यह महोत्सव उत्साह से सम्पन्न होता; दूसरे राज्यों से भी युवक राजकुमार इस उत्सव में बड़े चाव से आकर योग देते।

मगध का एक राजकुमार अरुण अपने रथ पर बैठा बड़े कुतूहल से यह दृश्य देख रहा था।

बीजों का एक बाल लिये कुमारी मधूलिका महाराज के साथ थी। बीज बोते हुए महाराज जब हाथ बढ़ाते, तब मधूलिका उनके सामने थाल कर देती। यह खेत मधूलिका का था, जो इस साल महाराज की खेती के लिए चुना गया था; इसलिए बीज देने का सम्मान मधूलिका ही को मिला। वह कुमारी थी। सुन्दरी थी। कौशेयवसन उसके शरीर पर इधर-उधर लहराता हुआ स्वयं शोभित हो रहा था। वह कभी उसे सम्हालती और कभी अपने रूखे अलकों को। कृषक बालिका के शुभ्र भाल पर श्रमकणों की भी कमी न थी, वे सब बरौनियों में गुँथे जा रहे थे। सम्मान और लज्जा उसके अधरों पर मन्द मुस्कराहट के साथ सिहर उठते; किन्तु महाराज को बीज देने में उसने शिथिलता नहीं की। सब लोग महाराज का हल चलाना देख रहे थे-विस्मय से, कुतूहल से। और अरुण देख रहा था कृषक कुमारी मधूलिका को। अहा कितना भोला सौन्दर्य! कितनी सरल चितवन!

उत्सव का प्रधान कृत्य समाप्त हो गया। महाराज ने मधूलिका के खेत का पुरस्कार दिया, थाल में कुछ स्वर्ण मुद्राएँ। वह राजकीय अनुग्रह था। मधूलिका ने थाली सिर से लगा ली; किन्तु साथ उसमें की स्वर्णमुद्राओं को महाराज पर न्योछावर करके बिखेर दिया। मधूलिका की उस समय की ऊर्जस्वित मूर्ति लोग आश्चर्य से देखने लगे! महाराज की भृकुटी भी जरा चढ़ी ही थी कि मधूलिका ने सविनय

कहा- देव! यह मेरे पितृ-पितामहों की भूमि है। इसे बेचना अपराध है; इसलिए मूल्य स्वीकार करना मेरी सामर्थ्य के बाहर है। महाराज के बोलने के पहले ही वृद्ध मन्त्री ने तीखे स्वर से कहा-अबोध! क्या बक रही है? राजकीय अनुग्रह का तिरस्कार! तेरी भूमि से चौगुना मूल्य है; फिर कोशल का तो यह सुनिश्चित राष्ट्रीय नियम है। तू आज से राजकीय रक्षण पाने की अधिकारिणी हुई, इस धन से अपने को सुखी बना।

राजकीय रक्षण की अधिकारिणी तो सारी प्रजा है, मन्त्रिवर! .... महाराज को भूमि-समर्पण करने में तो मेरा कोई विरोध न था और न है; किन्तु मूल्य स्वीकार करना असम्भव है।-मधूलिका उत्तेजित हो उठी।

महाराज के संकेत करने पर मन्त्री ने कहा-देव! वाराणसी-युद्ध के अन्यतम वीर सिंहमित्र की यह एक-मात्र कन्या है।-महाराज चौंक उठे-सिंहमित्र की कन्या! जिसने मगध के सामने कोशल की लाज रख ली थी, उसी वीर की मधूलिका कन्या है?

हाँ, देव! - सविनय मन्त्री ने कहा।

इस उत्सव के पराम्परागत नियम क्या हैं, मन्त्रिवर?-महाराज ने पूछा।

देव, नियम तो बहुत साधारण हैं। किसी भी अच्छी भूमि को इस उत्सव के लिए चुनकर नियमानुसार पुरस्कार-स्वरूप उसका मूल्य दे दिया जाता है। वह भी अत्यन्त अनुग्रहपूर्वक अर्थात् भू-सम्पत्ति का चौगुना मूल्य उसे मिलता है। उस खेती को वही व्यक्ति वर्ष भर देखता है। वह राजा का खेत कहा जाता है।

महाराज को विचार-संघर्ष से विश्राम की अत्यन्त आवश्यकता थी। महाराज चुप रहे। जयघोष के साथ सभा विसर्जित हुई। सब अपने-अपने शिविरों में चले गये। किन्तु मधूलिका को उत्सव में फिर किसी ने न देखा। वह अपने खेत की सीमा पर विशाल मधूक-वृक्ष के चिकने हरे पत्तों की छाया में अनमनी चुपचाप बैठी रही।

रात्रि का उत्सव अब विश्राम ले रहा था। राजकुमार अरुण उसमें सम्मिलित नहीं हुआ-अपने विश्राम-भवन में जागरण कर रहा था। आँखों में नींद न थी। प्राची में जैसी गुलाली खिल रही थी, वह रंग उसकी आँखों में था। सामने देखा तो मुण्डेर पर कपोती एक पैर पर खड़ी पंख फैलाये अँगड़ाई ले रही थी। अरुण उठ खड़ा हुआ। द्वार पर सुसज्जित अश्व था, वह देखते-देखते नगर-तोरण पर जा पहुँचा। रक्षक-गण ऊँघ रहे थे, अश्व के पैरों के शब्द से चौंक उठे।

युवक-कुमार तीर-सा निकल गया। सिन्धुदेश का तुरंग प्रभात के पवन से पुलकित हो रहा था। घूमता-घूमता अरुण उसी मधूक-वृक्ष के नीचे पहुँचा, जहाँ मधूलिका अपने हाथ पर सिर धरे हुए खिन्न-निद्रा का सुख ले रही थी।

अरुण ने देखा, एक छिन्न माधवीलता वृक्ष की शाखा से च्युत होकर पड़ी है। सुमन मुकुलित, भ्रमर निस्पन्द थे। अरुण ने अपने अश्व को मौन रहने का संकेत किया, उस सुषमा को देखने लिए, परन्तु कोकिल बोल उठा। जैसे उसने अरुण से प्रश्न किया-छि:, कुमारी के सोये हुए सौन्दर्य पर दृष्टिपात करनेवाले धृष्ट, तुम कौन? मधूलिका की आँखे खुल पड़ीं। उसने देखा, एक अपरिचित युवक। वह संकोच से उठ बैठी। - भद्रे! तुम्हीं न कल के उत्सव की सञ्चालिका रही हो?

उत्सव! हाँ, उत्सव ही तो था।

कल उस सम्मान.... क्यों आपको कल का स्वप्न सता रहा है? भद्र! आप क्या मुझे इस अवस्था में सन्तुष्ट न रहने देंगे?

मेरा हृदय तुम्हारी उस छवि का भक्त बन गया है, देवि!

मेरे उस अभिनय का-मेरी विडम्बना का। आह! मनुष्य कितना निर्दय है, अपरिचित! क्षमा करो, जाओ अपने मार्ग।

सरलता की देवि! मैं मगध का राजकुमार तुम्हारे अनुग्रह का प्रार्थी हूँ-मेरे हृदय की भावना अवगुण्ठन में रहना नहीं जानती। उसे अपनी....।

राजकुमार! मैं कृषक-बालिका हूँ। आप नन्दनबिहारी और मैं पृथ्वी पर परिश्रम करके जीनेवाली। आज मेरी स्नेह की भूमि पर से मेरा अधिकार छीन लिया गया है। मैं दुःख से विकल हूँ; मेरा उपहास न करो।

मैं कोशल-नरेश से तुम्हारी भूमि तुम्हें दिलवा दूंगा।

नहीं, वह कोशल का राष्ट्रीय नियम है। मैं उसे बदलना नहीं चाहती-चाहे उससे मुझे कितना ही दुःख हो।

तब तुम्हारा रहस्य क्या है?

यह रहस्य मानव-हृदय का है, मेरा नहीं। राजकुमार, नियमों से यदि मानव-हृदय बाध्य होता, तो आज मगध के राजकुमार का हृदय किसी राजकुमारी की ओर न खिंच कर एक कृषक-बालिका का अपमान करने न आता। मधूलिका उठ खड़ी हुई।

चोट खाकर राजकुमार लौट पड़ा। किशोर किरणों में उसका रत्नकिरीट चमक उठा। अश्व वेग से चला जा रहा था और मधूलिका निष्ठुर प्रहार करके क्या स्वयं आहत न हुई? उसके हृदय में टीस-सी होने लगी। वह सजल नेत्रों से उड़ती हुई धूल देखने लगी।

मधूलिका ने राजा का प्रतिपादन, अनुग्रह नहीं लिया। वह दूसरे खेतों में काम करती और चौथे पहर रूखी-सूखी खाकर पड़ रहती। मधूक-वृक्ष के नीचे छोटी-सी पर्णकुटीर थी। सूखे डंठलों से उसकी दीवार बनी थी। मधूलिका का वही आश्रय था। कठोर परिश्रम से जो रूखा अन्न मिलता, वही उसकी साँसों को बढ़ाने के लिए पर्याप्त था।

दुबली होने पर भी उसके अंग पर तपस्या की कान्ति थी। आस-पास के कृषक उसका आदर करते। वह एक आदर्श बालिका थी। दिन, सप्ताह, महीने और वर्ष बीतने लगे।

शीतकाल की रजनी, मेघों से भरा आकाश, जिसमें बिजली की दौड़-धूप। मधूलिका का छाजन टपक रहा था! ओढ़ने की कमी थी। वह ठिठुरकर एक कोने में बैठी थी। मधूलिका अपने अभाव को आज बढ़ाकर सोच रही थी। जीवन से सामञ्जस्य बनाये रखने वाले उपकरण तो अपनी सीमा निर्धारित रखते हैं; परन्तु उनकी आवश्यकता और कल्पना भावना के साथ बढ़ती-घटती रहती है। आज बहुत दिनों पर उसे बीती हुई बात स्मरण हुई। दो, नहीं-नहीं, तीन वर्ष हुए होंगे, इसी मधूक के नीचे प्रभात में-तरुण राजकुमार ने क्या कहा था?

वह अपने हृदय से पूछने लगी-उन चाटुकारी के शब्दों को सुनने के लिए उत्सुक-सी वह पूछने लगी-क्या कहा था? दुःख-दग्ध हृदय उन स्वप्न-सी बातों को स्मरण रख सकता था? और स्मरण ही होता, तो भी कष्टों की इस काली निशा में वह कहने का साहस करता। हाय री बिडम्बना!

आज मधूलिका उस बीते हुए क्षण को लौटा लेने के लिए विकल थी। दारिद्रय की ठोकरों ने उसे व्यथित और अधीर कर दिया है। मगध की प्रासाद-माला के वैभव का काल्पनिक चित्र-उन सूखे डंठलों के रन्ध्रों से, नभ में-बिजली के आलोक में-नाचता हुआ दिखाई देने लगा। खिलवाड़ी शिशु जैसे श्रावण की सन्ध्या में जुगनू को पकड़ने के लिए हाथ लपकाता है, वैसे ही मधूलिका मन-ही-मन कर रही थी। 'अभी वह निकल गया'। वर्षा ने भीषण रूप धारण किया। गड़गड़ाहट बढ़ने लगी; ओले पड़ने की सम्भावना थी। मधूलिका अपनी जर्जर झोपड़ी के लिए काँप उठी। सहसा बाहर कुछ शब्द हुआ- कौन है यहाँ? पथिक को आश्रय चाहिए।

मधूलिका ने डंठलों का कपाट खोल दिया। बिजली चमक उठी। उसने देखा, एक पुरुष घोड़े की डोर पकड़े खड़ा है। सहसा वह चिल्ला उठी-राजकुमार!

मधूलिका?-आश्चर्य से युवक ने कहा।

एक क्षण के लिए सन्नाटा छा गया। मधूलिका अपनी कल्पना को सहसा प्रत्यक्ष देखकर चकित हो गई - इतने दिनों के बाद आज फिर!

अरुण ने कहा-कितना समझाया मैंने-परन्तु.....

मधूलिका अपनी दयनीय अवस्था पर संकेत करने देना नहीं चाहती थी। उसने कहा-और आज आपकी यह क्या दशा है?

सिर झुकाकर अरुण ने कहा-मैं मगध का विद्रोही निर्वासित कोशल में जीविका खोजने आया हूँ।

मधूलिका उस अन्धकार में हँस पड़ी-मगध का विद्रोही राजकुमार का स्वागत करे एक अनाथिनी कृषक-बालिका, यह भी एक विडम्बना है, तो भी मैं स्वागत के लिए प्रस्तुत हूँ।

शीतकाल की निस्तब्ध रजनी, कुहरे से धुली हुई चाँदनी, हाड़ कँपा देनेवाला समीर, तो भी अरुण और मधूलिका दोनों पहाड़ी गह्वर के द्वार पर वट-वृक्ष के नीचे बैठे हुए बातें कर रहे हैं। मधूलिका की वाणी में उत्साह था, किन्तु अरुण जैसे अत्यन्त सावधान होकर बोलता।

मधूलिका ने पूछा-जब तुम इतनी विपन्न अवस्था में हो, तो फिर इतने सैनिकों को साथ रखने की क्या आवश्यकता है?

मधूलिका! बाहुबल ही तो वीरों की आजीविका है। ये मेरे जीवन-मरण के साथी हैं, भला मैं इन्हें कैसे छोड़ देता? और करता ही क्या?

क्यों? हम लोग परिश्रम से कमाते और खाते। अब तो तुम...।

भूल न करो, मैं अपने बाहुबल पर भरोसा करता हूँ। नये राज्य की स्थापना कर सकता हूँ। निराश क्यों हो जाऊँ?-अरुण के शब्दों में कम्पन था; वह जैसे कुछ कहना चाहता था; पर कह न सकता था।

नवीन राज्य! ओहो, तुम्हारा उत्साह तो कम नहीं। भला कैसे? कोई ढंग बताओ, तो मैं भी कल्पना का आनन्द ले लूँ।

कल्पना का आनन्द नहीं मधूलिका, मैं तुम्हे राजरानी के सम्मान में सिंहासन पर बिठाऊँगा! तुम अपने छिने हुए खेत की चिन्ता करके भयभीत न हो।

एक क्षण में सरल मधूलिका के मन में प्रमाद का अन्धड़ बहने लगा-द्वन्द्व मच गया। उसने सहसा कहा-आह, मैं सचमुच आज तक तुम्हारी प्रतीक्षा करती थी, राजकुमार!

अरुण ढिठाई से उसके हाथों को दबाकर बोला-तो मेरा भ्रम था, तुम सचमुच मुझे प्यार करती हो?

युवती का वक्षःस्थल फूल उठा, वह हाँ भी नहीं कह सकी, ना भी नहीं। अरुण ने उसकी अवस्था का अनुभव कर लिया। कुशल मनुष्य के समान उसने अवसर को हाथ से न जाने दिया। तुरन्त बोल उठा-तुम्हारी इच्छा हो, तो प्राणों से पण लगाकर मैं तुम्हें इस कोशल-सिंहासन पर बिठा दूँ। मधूलिके! अरुण के खड्ग का आतंक देखोगी?-मधूलिका एक बार काँप उठी। वह कहना चाहती थी...नहीं; किन्तु उसके मुँह से निकला-क्या?

सत्य मधूलिका, कोशल-नरेश तभी से तुम्हारे लिए चिन्तित हैं। यह मैं जानता हूँ, तुम्हारी साधारण-सी प्रार्थना वह अस्वीकार न करेंगे। और मुझे यह भी विदित है कि कोशल के सेनापति अधिकांश सैनिको के साथ पहाड़ी दस्युओं का दमन करने के लिए बहुत दूर चले गये हैं।

मधूलिका की आँखों के आगे बिजलियाँ हँसने लगीं। दारुण भावना से उसका मस्तक विकृत हो उठा। अरुण ने कहा-तुम बोलती नहीं हो?

जो कहोगे, वह करूँगी....मन्त्रमुग्ध-सी मधूलिका ने कहा।

स्वर्णमञ्च पर कोशल-नरेश अर्द्धनिद्रित अवस्था में आँखे मुकुलित किये हैं। एक चामधारिणी युवती पीछे खड़ी अपनी कलाई बड़ी कुशलता से घुमा रही है। चामर के शुभ्र आन्दोलन उस प्रकोष्ठ में धीरे-धीरे सञ्चलित हो रहे हैं। ताम्बूल-वाहिनी प्रतिमा के समान दूर खड़ी है।

प्रतिहारी ने आकर कहा-जय हो देव! एक स्त्री कुछ प्रार्थना लेकर आई है।

आँख खोलते हुए महाराज ने कहा-स्त्री! प्रार्थना करने आई? आने दो।

प्रतिहारी के साथ मधूलिका आई। उसने प्रणाम किया। महाराज ने स्थिर दृष्टि से उसकी ओर देखा और कहा-तुम्हें कहीं देखा है?

तीन बरस हुए देव! मेरी भूमि खेती के लिए ली गई थी।

ओह, तो तुमने इतने दिन कष्ट में बिताये, आज उसका मूल्य माँगने आई हो, क्यों? अच्छा-अच्छा तुम्हें मिलेगा। प्रतिहारी!

नहीं महाराज, मुझे मूल्य नहीं चाहिए।

मूर्ख! फिर क्या चाहिए?

उतनी ही भूमि, दुर्ग के दक्षिणी नाले के समीप की जंगली भूमि, वहीं मैं अपनी खेती करूँगी। मुझे एक सहायक मिल गया है। वह मनुष्यों से मेरी सहायता करेगा, भूमि को समतल भी बनाना होगा।

महाराज ने कहा-कृषक बालिके! वह बड़ी उबड़-खाबड़ भूमि है। तिस पर वह दुर्ग के समीप एक सैनिक महत्व रखती है।

तो फिर निराश लौट जाऊँ?

सिंहमित्र की कन्या! मैं क्या करूँ, तुम्हारी यह प्रार्थना....

देव! जैसी आज्ञा हो!

जाओ, तुम श्रमजीवियों को उसमें लगाओ। मैं अमात्य को आज्ञापत्र देने का आदेश करता हूँ।

जय हो देव!-कहकर प्रणाम करती हुई मधूलिका राजमन्दिर के बाहर आई।

दुर्ग के दक्षिण, भयावने नाले के तट पर, घना जंगल है, आज मनुष्यों के पद-सञ्चार से शून्यता भंग हो रही थी। अरुण के छिपे वे मनुष्य स्वतन्त्रता से इधर-उधर घूमते थे। झाड़ियों को काट कर पथ बन रहा था। नगर दूर था, फिर उधर यों ही कोई नहीं आता था। फिर अब तो महाराज की आज्ञा से वहाँ मधूलिका का अच्छा-सा खेत बन रहा था। तब इधर की किसको चिन्ता होती?

एक घने कुञ्ज में अरुण और मधूलिका एक दूसरे को हर्षित नेत्रों से देख रहे थे। सन्ध्या हो चली थी। उस निविड़ वन में उन नवागत मनुष्यों को देखकर पक्षीगण अपने नीड़ को लौटते हुए अधिक कोलाहल कर रहे थे।

प्रसन्नता से अरुण की आँखे चमक उठीं। सूर्य की अन्तिम किरण झुरमुट में घुसकर मधूलिका के कपोलों से खेलने लगी। अरुण ने कहा-चार प्रहर और, विश्वास करो, प्रभात में ही इस जीर्ण-कलेवर कोशल-राष्ट्र की राजधानी श्रावस्ती में तुम्हारा अभिषेक होगा और मगध से निर्वासित मैं एक स्वतन्त्र राष्ट्र का अधिपति बनूँगा, मधूलिके!

भयानक! अरुण, तुम्हारा साहस देखकर मैं चकित हो रही हूँ। केवल सौ सैनिकों से तुम...

रात के तीसरे प्रहर मेरी विजय-यात्रा होगी।

तो तुमको इस विजय पर विश्वास है?

अवश्य, तुम अपनी झोपड़ी में यह रात बिताओ; प्रभात से तो राज-मन्दिर ही तुम्हारा लीला-निकेतन बनेगा।

मधूलिका प्रसन्न थी; किन्तु अरुण के लिए उसकी कल्याण-कामना सशंक थी। वह कभी-कभी उद्विग्न-सी होकर बालकों के समान प्रश्न कर बैठती। अरुण उसका समाधान कर देता। सहसा कोई संकेत पाकर उसने कहा-अच्छा, अन्धकार अधिक हो गया। अभी तुम्हें दूर जाना है और मुझे भी प्राण-पण से इस अभियान के प्रारम्भिक कार्यों को अर्द्धरात्रि तक पूरा कर लेना चाहिए; तब रात्रि भर के लिए विदा! मधूलिके!

मधूलिका उठ खड़ी हुई। कँटीली झाड़ियों से उलझती हुई क्रम से, बढ़नेवाले अन्धकार में वह झोपड़ी की ओर चली।

पथ अन्धकारमय था और मधूलिका का हृदय भी निविड़-तम से घिरा था। उसका मन सहसा विचलित हो उठा, मधुरता नष्ट हो गई। जितनी सुख-कल्पना थी, वह जैसे अन्धकार में विलीन होने लगी। वह भयभीत थी, पहला भय उसे अरुण के लिए उत्पन्न हुआ, यदि वह सफल न हुआ तो? फिर सहसा सोचने लगी-वह क्यों सफल हो? श्रावस्ती दुर्ग एक विदेशी के अधिकार में क्यों चला जाय? मगध का चिरशत्रु! ओह, उसकी विजय! कोशल-नरेश ने क्या कहा था-'सिंहमित्र की कन्या।' सिंहमित्र, कोशल का रक्षक वीर, उसी की कन्या आज क्या करने जा रही है? नहीं, नहीं, मधूलिका! मधूलिका!!' जैसे उसके पिता उस अन्धकार में पुकार रहे थे। वह पगली की तरह चिल्ला उठी। रास्ता भूल गई।

रात एक पहर बीत चली, पर मधूलिका अपनी झोपड़ी तक न पहुँची। वह उधेड़बुन में विक्षिप्त-सी चली जा रही थी। उसकी आँखों के सामने कभी सिंहमित्र और कभी अरुण की मूर्ति अन्धकार में चित्रित होती जाती। उसे सामने आलोक दिखाई पड़ा। वह बीच पथ में खड़ी हो गई। प्राय: एक सौ उल्काधारी अश्वारोही चले आ रहे थे और आगे-आगे एक वीर अधेड़ सैनिक था। उसके बायें हाथ में अश्व की वल्गा और दाहिने हाथ में नग्न खड्ग। अत्यन्त धीरता से वह टुकड़ी अपने पथ पर चल रही थी। परन्तु मधूलिका बीच पथ से हिली नहीं। प्रमुख सैनिक पास आ गया; पर मधूलिका अब भी नहीं हटी। सैनिक ने अश्व रोककर कहा-कौन? कोई उत्तर नहीं मिला। तब तक दूसरे अश्वारोही ने सड़क पर कहा-तू कौन है, स्त्री? कोशल के सेनापति को उत्तर शीघ्र दे।

रमणी जैसे विकार-ग्रस्त स्वर में चिल्ला उठी-बाँध लो, मुझे बाँध लो! मेरी हत्या करो। मैंने अपराध ही ऐसा किया है।

सेनापति हँस पड़े, बोले-पगली है।

पगली नहीं, यदि वही होती, तो इतनी विचार-वेदना क्यों होती? सेनापति! मुझे बाँध लो। राजा के पास ले चलो।

क्या है, स्पष्ट कह!

श्रावस्ती का दुर्ग एक प्रहर में दस्युओं के हस्तगत हो जायेगा। दक्षिणी नाले के पार उनका आक्रमण होगा।

सेनापति चौंक उठे। उन्होंने आश्चर्य से पूछा-तू क्या कह रही है?

मैं सत्य कह रही हूँ; शीघ्रता करो।

सेनापति ने अस्सी सैनिकों को नाले की ओर धीरे-धीरे बढ़ने की आज्ञा दी और स्वयं बीस

अश्वारोहियों के साथ दुर्ग की ओर बढ़े। मधूलिका एक अश्वारोही के साथ बाँध दी गई।

श्रावस्ती का दुर्ग, कोशल राष्ट्र का केन्द्र, इस रात्रि में अपने विगत वैभव का स्वप्न देख रहा था। भिन्न राजवंशों ने उसके प्रान्तों पर अधिकार जमा लिया है। अब वह केवल कई गाँवों का अधिपति है। फिर भी उसके साथ कोशल के अतीत की स्वर्ण-गाथाएँ लिपटी हैं। वही लोगों की ईर्ष्या का कारण है। जब थोड़े से अश्वारोही बड़े वेग से आते हुए दुर्ग-द्वार पर रुके, तब दुर्ग के प्रहरी चौंक उठे। उल्का के आलोक में उन्होंने सेनापति को पहचाना, द्वार खुला। सेनापति घोड़े की पीठ से उतरे। उन्होंने कहा-अग्निसेन! दुर्ग में कितने सैनिक होंगे?

सेनापति की जय हो! दो सौ।

उन्हें शीघ्र ही एकत्र करो; परन्तु बिना किसी शब्द के। सौ को लेकर तुम शीघ्र ही चुपचाप दुर्ग के दक्षिण की ओर चलो। आलोक और शब्द न हों।

सेनापति ने मधूलिका की ओर देखा। वह खोल दी गई। उसे अपने पीछे आने का संकेत कर सेनापति राजमन्दिर की ओर बढ़े। प्रतिहारी ने सेनापति को देखते ही महाराज को सावधान किया। वह अपनी सुख-निद्रा के लिये प्रस्तुत हो रहे थे; किन्तु सेनापति और साथ में मधूलिका को देखते ही चञ्चल हो उठे। सेनापति ने कहा-जय हो देव! इस स्त्री के कारण मुझे इस समय उपस्थित होना पड़ा है।

महाराज ने स्थिर नेत्रों से देखकर कहा-सिंहमित्र की कन्या! फिर यहाँ क्यों? क्या तुम्हारा क्षेत्र नहीं बन रहा है? कोई बाधा? सेनापति! मैंने दुर्ग के दक्षिणी नाले के समीप की भूमि इसे दी है। क्या उसी सम्बन्ध में तुम कहना चाहते हो?

देव! किसी गुप्त शत्रु ने उसी ओर से आज की रात में दुर्ग पर अधिकार कर लेने का प्रबन्ध किया है और इसी स्त्री ने मुझे पथ में यह सन्देश दिया है।

राजा ने मधूलिका की ओर देखा। वह काँप उठी। घृणा और लज्जा से वह गड़ी जा रही थी। राजा ने पूछा-मधूलिका, यह सत्य है!

हाँ, देव!

राजा ने सेनापति से कहा-सैनिकों को एकत्र करके तुम चलो मैं अभी आता हूँ। सेनापति के चले जाने पर राजा ने कहा-सिंहमित्र की कन्या! तुमने एक बार फिर कोशल का उपकार किया। यह सूचना देकर तुमने पुरस्कार का काम किया है। अच्छा, तुम यहीं ठहरो। पहले उन आततायियों का प्रबन्ध कर लूँ।

अपने साहसिक अभियान में अरुण बन्दी हुआ और दुर्ग उल्का के आलोक में अतिरञ्जित हो गया। भीड़ ने जयघोष किया। सबके मन में उल्लास था। श्रावस्ती-दुर्ग आज एक दस्यु के हाथ में जाने से बचा था। आबाल-वृद्ध-नारी आनन्द से उन्मत्त हो उठे।

ऊषा के आलोक में सभा-मण्डप दर्शकों से भर गया। बन्दी अरुण को देखते ही जनता ने रोष से हूँकार करते हुए कहा-'वध करो!' राजा ने सबसे सहमत होकर आज्ञा दी-'प्राण दण्ड।' मधूलिका बुलायी गई। वह पगली-सी आकर खड़ी हो गई। कोशल-नरेश ने पूछा-मधूलिका, तुझे जो पुरस्कार लेना हो, माँग। वह चुप रही।

राजा ने कहा-मेरी निज की जितनी खेती है, मैं सब तुझे देता हूँ। मधूलिका ने एक बार बन्दी अरुण की ओर देखा। उसने कहा-मुझे कुछ न चाहिए। अरुण हँस पड़ा। राजा ने कहा-नहीं, मैं तुझे अवश्य दूँगा। माँग ले।

तो मुझे भी प्राणदण्ड मिले। कहती हुई वह बन्दी अरुण के पास जा खड़ी हुई।

Lector House believes that a society develops through a two-fold approach of continuous learning and adaptation, which is derived from the study of classic literary works spread across the historic timeline of literature records. Therefore, we aim at reviving, repairing and redeveloping all those inaccessible or damaged but historically as well as culturally important literature across subjects so that the future generations may have an opportunity to study and learn from past works to embark upon a journey of creating a better future.

This book is a result of an effort made by Lector House towards making a contribution to the preservation and repair of original ancient works which might hold historical significance to the approach of continuous learning across subjects.

**HAPPY READING & LEARNING!**

**LECTOR HOUSE LLP**
E-MAIL: lectorpublishing@gmail.com

9 789390 112005